ACTE II, SCÈNE X.

MINA,

OU

LA FILLE DU BOURGMESTRE,

COMÉDIE-VAUDEVILLE EN DEUX ACTES,

Par MM. Duvert et Lauzanne,

REPRÉSENTÉE, POUR LA PREMIÈRE FOIS, SUR LE THÉATRE DU VAUDEVILLE, LE 4 JUILLET 1837.

PERSONNAGES.	*ACTEURS.*	*PERSONNAGES.*	*ACTEURS.*
MULNER, bourgmestre, 55 ans.	M. LEPEINTRE Jᵉ.	FRITZ, jeune paysan.	M. LUDOVIC.
MAX, officier sarde.	M. HIPPOLYTE.	MINA, fille de Mulner	Mlle L. MAYER.
SCHNAPS, berger	M. ARNAL.	LISBETH.	Mlle H. BALTHAZAR.
GUILLAUME, vieux paysan. .	M. CH. POTIER.	SOLDATS SUISSES.	

La scène se passe en Suisse, au premier acte, sur le plateau d'une montagne auprès de Martigny, dans le bas Valais; au deuxième acte, chez Mulner, à Martigny.

NOTA. Les personnages sont inscrits en tête des scènes comme ils doivent être placés au théâtre, le premier à gauche, etc. Les indications sont données de la salle.

Il est essentiel que les actrices chargées de représenter les personnages de Mina et de Lisbeth soient de la même taille et qu'elles aient un costume dont la couleur ne diffère pas trop. La coiffure seule doit offrir un caractère bien tranché. Mina porte une robe décolletée et Lisbeth doit avoir une guimpe montante. Ces observations ont pour but de rendre vraisemblable la méprise de la fin du premier acte.

ACTE PREMIER.

Le théâtre représente une plate-forme sur le haut d'un rocher : on y monte par deux chemins hors de vue pratiqués au fond, l'un à droite, l'autre à gauche, et qui conduisent dans la vallée : au premier plan, à droite, une vieille cabane de chevrier, qui est abandonnée ; au premier plan, à gauche, un fragment de rocher formant siége ; au second plan, à droite et à gauche, des issues qui conduisent dans d'autres parties de la montagne; à l'horizon, de hautes montagnes.

SCENE PREMIERE.

MINA, *seule.*

Pendant que l'orchestre exécute la ritournelle de l'air qui suit, Mina gravit le sentier du fond à droite, elle porte un petit panier de provisions.

AIR : *du plus beau de Séville.* (Mlle Puget.)

PREMIER COUPLET.

Ah! quel ennui d'être jolie,
Quand on habite les chalets!
Que d'étrangers m'croient éblouie
Du noble éclat de leurs palais!
Eh! que m'importe leur langage?

On peut bien être heureux sans or.
Si jamais je m'mets en ménage,
Mon mari s'ra mon seul trésor.
Ah! qu'vos maîtresses
Gard'nt vos richesses.
Non, non, l'amour de la montagne,
Ce n'est pas ainsi qu'on le gagne :
Non, non! non, non! non, non! jamais on n'enchaîna
Par des présens l'cœur de Mina.

Elle regarde de tous côtés comme si elle cherchait quelqu'un.

DEUXIÈME COUPLET.

Et pourtant, rêveuse, inquiète,
Je tremble depuis bien des jours.
Qu'est-ce donc que mon cœur regrette?
Point de chagrins... car point d'amours.
C'est que j'entendis ton langage,
Pauvre soldat!... qui n'as point d'or;
Errant sur ce rocher sauvage,
Tu n'as que Mina pour trésor.

Avec mystère.

Ah! du silence!
De la prudence!
On ignor'que sur la montagne
Du soldat je suis la compagne.

Appelant.

Soldat! soldat! allons, voici votre repas,
Soldat! (*ter*) ne m'entendez-vous pas?
Soldat! ne m'entendez vous pas?

SCENE II.

MINA, MAX, *venant du second plan à droite.*

Pantalon bleu ciel à galons d'or; capote verte; boutons de hussard; bonnet de police; collet et paremens jaunes; boutonnières galonnées.

MAX, *avec joie.* C'est elle!

MINA, *avec joie.* Ah!

MAX, *vivement.* Ma bienfaitrice!

MINA. Ne vous voyant pas, je craignais qu'il ne vous fût arrivé quelque malheur.

MAX. Comment est-ce possible, puisque un ange veille sur moi?

MINA. Tenez, monsieur, voilà des provisions pour toute la journée.

MAX, *prenant le panier et le portant dans la cabane.* Toujours bonne donc, toujours prévenante?

MINA, *avec grâce.* Et si je vous abandonnais, que deviendriez-vous, puisque moi seule dans tout le canton je sais qu'en haut de ce rocher il y a un homme qui souffre et qui paraît avoir des motifs pour se cacher?

MAX. Et vous avez été assez généreuse pour ne pas dédaigner de tendre la main à un étranger, à un fugitif, à un inconnu.

MINA. Oh! un inconnu! oh! non! je sais bien qui vous êtes.

MAX, *vivement.* Vous savez qui je suis?

MINA, *avec gentillesse.* Vous êtes militaire.

MAX. Ça, je l'avoue.

MINA. Au service de la Sardaigne, je vois ça à votre uniforme.

MAX. Comment! ma charmante protectrice (car je ne sais pas votre nom), mon titre de militaire a suffi pour exciter à ce point votre intérêt? (*Gaîment.*) Parbleu! l'armée sarde doit être fière d'exercer une pareille influence.

MINA. Vous êtes fugitif et vous venez chercher un asile dans notre Suisse; moi, je vous vois souffrant, je vous tends la main : vous êtes malheureux, que me faut-il de plus?

MAX, *avec enthousiasme.* Mais dites-moi, je vous en conjure, à qui je dois tant de soins et d'égards, qu'au moins le nom de ma bienfaitrice puisse se mêler à toutes mes pensées.

MINA. A quoi bon?..

AIR : *Moi, je suis là* (de l'If de Croissey).

Quelle est votre jeune compagne?
C'est un s'cret qu'ell' veut conserver.
Je vous cherche dans la montagne,
Et mon cœur sait bien vous trouver;
Vous voyez bien, d'après le vôtre,
Qu' nous n'avons pas besoin, oh! non!
Pour penser toujours l'un à l'autre,
De notre nom!

MAX. Vous êtes une bien bonne jeune fille, et celui qui vous épousera aura la meilleure femme de tout le Valais.

MINA. J'entends des pas... allons... éloignez-vous... puisque vous craignez d'être aperçu.

MAX, *avec inquiétude.* Oh! oui, car ce matin j'ai déjà vu de loin des hommes qui semblaient regarder de ce côté.

MINA. Des chasseurs de chamois, sans doute, voici la saison. Tenez-vous dans quelque cavité du rocher et n'en sortez que quand vous n'entendrez plus rien; et si vous avez besoin de moi, vous me donnerez le signal dont nous sommes convenus: j'accourrai, si je le peux... entendez-vous, monsieur? Adieu.

AIR : *Il faut, Cécile.* (Mme Dubarry.)

ENSEMBLE.

De la prudence!
Avant ce soir
J'ai l'espérance
De vous revoir.

Mina s'éloigne par le deuxième plan à gauche; Max sort par la droite.

SCENE III.

MULNER, GUILLAUME.

Ils arrivent par le chemin hors de vue, au fond, à doite. Mulner porte un costume bourgeois : habit carré marron, culotte marron, gilet noir, cravate blanche, bas gris, souliers, chapeau à larges bords, manteau, perruque blanche. Mulner arrive le second sur le plateau, il a l'air d'être hissé par Guillaume.

GUILLAUME. Courage, monsieur Mulner, il n'y a plus qu'un pas...

MULNER. Ouf! je n'en peux plus...

GUILLAUME. Nous voici en haut du rocher.

MULNER, *s'asseyant sur la pierre à gauche.* Voyez où peut conduire le dévouement de l'amitié. Et vous dites, Guillaume, que c'est par ici que vous l'avez vu?

GUILLAUME, *indiquant à droite.* Là-bas, monsieur Mulner.

MULNER. Je n'irai pas plus loin... j'aime mieux mourir ici..... je suis éreinté.... Et vous l'avez reconnu?

GUILLAUME. L'uniforme, pas l'individu. Il était trop loin pour que je visse son visage; je l'ai vu gravir le rocher avec l'agilité d'un chevreuil, et puis il a disparu.

MULNER, *à part, soupirant.* Ils sont heureux, les chevreuils! Et vous êtes sûr qu'il a enlevé la fille de votre maître, de mon pauvre Ulric?

GUILLAUME. Malheureusement nous n'en pouvons douter.

MULNER, *jetant les yeux sur une lettre.* C'est bien ce que mon vieil ami m'écrit : voilà ses instructions sur ce que je dois faire... mais, dans sa douleur il ne me donne aucun détail sur ce funeste événement. Il ne se doutait donc de rien? il ne surveillait donc pas sa fille? Comment diable cela s'est-il fait?

Il se lève et descend la scène.

GUILLAUME. Que voulez-vous, monsieur Mulner? Comme bien des pères, il n'a pas songé à l'inexpérience de son enfant. Cependant il s'occupait de la marier, le futur était admis chez M. Ulric; mais il paraît qu'il ne plaisait pas à ma jeune maîtresse. C'est alors que Max, l'officier que nous cherchons, vint en congé dans notre vallée de Chamouny...

MULNER. Il se sera fait aimer, c'est clair.

GUILLAUME. Un soir M. Ulric envoya sa fille exécuter quelques travaux sur le versant de la montagne, près de son habitation; le futur, qui était là, voulut accompagner sa fiancée pour l'entretenir de son amour... La soirée s'avançait, ma jeune maîtresse ne revenait pas... M. Ulric et moi, remplis d'inquiétude, nous nous mîmes à sa recherche, et sur le haut d'un rocher... (*regardant autour de lui*) (ma foi, comme qui dirait l'endroit où nous sommes en ce moment) nous vîmes celui que mon maître voulait nommer son gendre étendu, baigné dans son sang.

MULNER, *avec effroi.* Mort?

GUILLAUME. Non, heureusement! Max, dans un accès de jalousie furieuse, l'avait provoqué en duel et blessé. Mais ma jeune maîtresse ne revint pas; et Max avait quitté le pays. Après bien des informations, mon maître a su qu'ils se sont réfugiés en Suisse. C'est alors qu'il m'a dit: Va trouver mon vieux camarade Mulner; il est bourgmestre, il a quelque autorité. Dis-lui mes chagrins, et, s'il le peut, il me viendra en aide... Vous savez tout maintenant.

MULNER. Il a eu raison de compter sur moi... Ah çà! mais...... pourquoi diable, puisque vous avez cru reconnaître ce Max, n'avez-vous pas sauté sur lui tout de go?

GUILLAUME, *souriant.* D'abord, monsieur le bourgmestre, il était trop loin; et puis, s'il m'eût reconnu, il aurait probablement pris la fuite.

MULNER, *avec importance.* Ou il vous aurait frappé, c'est malheureusement probable. Et vous n'avez pas vu la jeune fille avec lui?

GUILLAUME. Non; mais quelques paysans que j'ai apostés pour surveiller ses démarches m'ont assuré avoir entrevu plusieurs fois une femme, qui disparaissait avec Max lorsqu'on s'approchait de ce côté.

MULNER. A merveille! Eh bien! voyons, allez vite... assurez-vous du lieu où ils ont pu se blottir, et revenez m'en donner avis je serai à vous, moi, et toute la force armée de Martigny.

GUILLAUME. Je compte sur vous, monsieur.

Il remonte la scène.

MULNER, *le rappelant.* Ah! à propos...si, en revenant chez moi, vous trouviez ma fille, ne parlez pas de ce qui vous amène... Voyez-vous?.. ces choses-là... ces amours, ces enlèvemens, ces séductions... ça se gagne... (*Apercevant Mina qui paraît au second plan, à gauche.*) Mina!

SCÈNE IV.

MINA, MULNER, GUILLAUME.

MINA, *étonnée.* Mon père!

Elle reste un instant au fond.

MULNER. Comment se fait-il que tu sois de ce côté de la montagne?

MINA, *embarrassée.* Mon père.... c'est que... c'est que...

MULNER. Quoi?

MINA. Je venais... je croyais que tu avais envoyé les troupeaux par ici...

MULNER. C'est toi-même qui m'as engagé hier à ne pas le faire?

MINA. Ah! c'est vrai, j'avais oublié.

MULNER, *souriant.* Voilà bien ta tête! (*A Guillaume, avec un sentiment de satisfaction.*) C'est ma fille... ma fille unique!

GUILLAUME. Monsieur Mulner, je vous en fais mon compliment.

Mina fait la révérence.

MULNER. Bonne, aimant bien son vieux père, mais... étourdie comme un hanneton. (*A Guillaume.*) Allez, ne perdez pas de temps.

AIR : *Hardi Coureur.* (Du Lorgnon.)

Allons, allons, mon cher ami;
Mais hâtez-vous, ah! je vous en conjure!
J'n'aurai d'repos, je vous l' jure,
Que quand tous deux nous aurons réussi.

Bas à Guillaume.

Se voir ravir ainsi sa fille unique
Par un soldat, ah! quel chagrin mortel!
On n'a, je crois, rien vu de plus tragique
Depuis Mathilde et feu Malek-Adhel.

ENSEMBLE.

MULNER.

Allons, allons, mon cher ami, etc.

GUILLAUME.

Daignez nous prêter votre appui.
Votre amitié dans ce jour me rassure.
J'n'aurai d'repos, je vous le jure,
Que quand tous deux nous aurons réussi.

MINA, *à part.*

Qu'ont-ils donc à parler ainsi?
Et quelle est donc cette étrange aventure?
Je crois lire sur leur figure
Que l'on me fait quelque mystère ici.

Pendant l'ensemble Mulner reconduit Guillaume, qui sort par le chemin du fond, à droite.

SCENE V.

MINA, MULNER.

MINA. Quel est donc ce monsieur Guillaume?

MULNER. Un homme que tu ne connais pas.

MINA. C'est pour cela que je te demande...

MULNER, *balbutiant.* C'est.... un diplomate... un botaniste... chargé par le grand conseil de Berne... de venir .. faire... sur nos lacs... quelques opérations... astronomiques... (*Se fâchant.*) Mais je ne sais pas, moi, pourquoi tu me fais toutes ces questions-là... ça ne regarde pas les jeunes filles, ça tient à mes fonctions de bourgmestre.

MINA. Voilà comme tu es toujours: quand tu veux me cacher quelque chose, c'est là ton grand refrain. (*Elle l'imite.*) Ça tient à mes fonctions de bourgmestre!

MULNER. Certainement ça y tient, et on ne peut pas plus!

MINA. Alors je ne saurai jamais rien; je serai toujours, comme tu le dis souvent, une petite sotte... une...

MULNER, *fâché.* Veux-tu être bourgmestre à ma place? dis-le.

Il fait mine de détacher son manteau.

MINA. Mon père, je ne te parle pas de cela... mais enfin!...

MULNER. Au lieu de m'adresser des questions... politiques, tu ferais mieux de t'occuper à rendre un peu de gaîté à ton prétendu... à ton cousin Schnaps.

MINA. Schnaps?... Ah! oui, j'oubliais que j'ai pour futur un bourru, un grognon, un homme qui ne rit jamais, qui s'est mis en colère le jour de sa naissance et qui ne s'est pas encore calmé depuis vingt-cinq ans qu'il est au monde.

MULNER. Voilà comme on exagère!... Il n'est triste que depuis que tu n'as pas l'air de te soucier de lui; mais je t'assure que si tu voulais l'égayer un peu... il serait... très-drôle. Jamais tu ne trouveras un garçon plus sensible, plus prévenant, plus dévoué. Sais-tu qu'il y a huit jours il m'a accablé d'injures?

MINA, *étonnée.* Comment?

MULNER, *d'un ton pénétré.* Brave garçon! Tu sais que la semaine dernière je suis allé à Sion et que j'y ai passé deux jours pour obtenir les papiers nécessaires à ton mariage avec Schnaps. Je revenais, le froid était vif, la montagne était très-difficile, notamment pour moi; la nuit était venue. Les pins se brisaient sous le vent; je n'étais pas sans inquiétude, lorsque arrivé à une lieue d'ici, qu'est-ce que je trouve à l'entrée du grand ravin?

MINA. Quoi donc?

MULNER. Mon Schnaps, qui m'attendait à l'endroit où les deux sentiers qui vont à Sion se réunissent; les pieds dans la neige, gelé, à demi-mort de froid...... Qu'est-ce que tu fais-là?... Je suis-là, me dit-il en grelottant, pour vous empêcher de passer... Pensant que ce garçon a un accès de fièvre, je persiste à suivre mon chemin.... mais lui m'attrape par mon manteau, m'emmaillotte dedans, comme un nouveau-né, me charge sur son épaule, et rebrousse chemin... (*Appuyant.*) Il est très-fort!

MINA. Mais quelle idée extravagante...

MULNER. Je criais comme un possédé, et lui me bourrait des coups de poing en me disant: Taisez-vous donc, mon oncle, ne savez-vous pas que dans l'endroit où nous sommes le moindre ébranlement de l'air peut déterminer la chute d'une avalanche?..

MINA, *plus attentive.* Il avait raison!

MULNER. Tout-à-coup, chère amie, un effroyable craquement se fait entendre....

MINA. Ah! mon Dieu!

MULNER. Un énorme quartier de roc roule avec fracas sur l'endroit même où j'avais trouvé Schnaps.

MINA, *lui prenant les mains avec émotion.* O mon bon père, quel danger tu as couru!

MULNER, *ému.* Alors il me pose par terre tranquillement et me dit : Hein!... vous avez entendu?.. ce matin j'ai vu qu'il menaçait ruine, voilà pourquoi je ne voulais pas vous laisser passer... Et lui, le pauvre garçon m'avait attendu trois heures, transi de froid, sur le lieu du danger... (*pleurant*) comme les chiens du Saint-Bernard!..

MINA. Bon et généreux cousin!.. Mais, tu ne m'avais pas dit cela!

MULNER. Il me l'a défendu, et je ne t'en parlerais pas, si je ne voyais avec chagrin l'éloignement que tu as pour lui.

MINA. Moi, de l'éloignement!.. oh! non, non, mon père, je t'assure... j'aime bien Schnaps... c'est un bon parent... j'ai pour lui beaucoup d'estime, et ce qu'il a fait pour toi lui assure ma reconnaissance... Oh! non, j'aime bien Schnaps... et puisque je dois l'épouser, ce sera quand tu voudras, mon père, tu vois bien que je n'ai pas d'éloignement pour lui.

MULNER, *avec joie.* A la bonne heure!.. voilà qui est parler... dans quelques jours ce sera une affaire terminée.

MINA. Sitôt!.. qu'y a-t-il de si pressé?. attendons quelques semaines... quelques mois, mon père, qu'est-ce que cela te fait?

MULNER, *s'animant.* Ça me fait... ça me fait beaucoup!.. Tu sais bien que ton oncle Werner en mourant n'a pas voulu que son bien fût partagé... si tu refuses, Schnaps hérite de tout..... Que diable! voilà ce que ça me fait... il faut penser à ça.

MINA, *avec indifférence.* Oh! je ne tiens pas à l'argent.

MULNER, *avec énergie.* Mais j'y tiens, moi! songe que tu mets Schnaps dans une alternative fâcheuse; il est délicat, et il t'aime... tu l'affliges!.. (*Il regarde au fond à gauche.*) Le voilà!.. allons, ne le rudoie pas, entends-tu?

AIR : *M'écrire une lettre.* (M. et Mme Galochard.)

ENSEMBLE.

Toujours comme une ombre,
Il est sur tes pas,
Il serait moins sombre
S'il ne t'aimait pas.

MINA.

Ainsi que mon ombre,
Il n' me quitte pas;
Sa figure sombre
Me suit pas à pas.
Qui donc ici l'amène?
De moi s'rait-il en peine?
Il n'vient pas sans sujet,
Quel est donc son projet?

SCENE VI.

MINA, MULNER, SCHNAPS, *arrivant en fumant par le fond à gauche.*

Costume de paysan suisse, veste de gros drap gris, culotte plus foncée, bas gris, guêtres, chapeau de paille.

SCHNAPS, *paraissant à demi; à part.*
Enfin sur ce rocher
Je viens d'les dénicher!

ENSEMBLE.

Quel que soit le nombre
De cours's et de pas,
J'la suis comme une ombre,
Je n' la quitte pas;
Oui, oui, je suis sur ses pas. (*bis.*)

MULNER.

Toujours comme une ombre, etc.,
Il est toujours sur tes pas. (*bis.*)

MINA.

Ainsi que mon ombre, etc.
Il est toujours sur mes pas. (*bis.*)

MULNER, *à Schnaps.* Que diable viens-tu faire de ce côté de la montagne?

SCHNAPS, *tranquillement au fond.* Le vent est à l'orage, j'ai fait rentrer les bêtes.

MULNER. Je te demande ce que tu viens faire ici... Tout le monde s'est donc donné rendez-vous sur cette roche?

SCHNAPS, *regardant Mina avec intention.* Il paraît. (*A Mulner.*) Le vent est à l'orage, j'ai fait rentrer les bêtes... et puis, vous savez bien que de ce côté-ci la descente est mauvaise, quand on n'a pas un bras pour s'appuyer...

MULNER. Et tu es venu m'y chercher?

SCHNAPS. Vous ou d'autres, n'importe pas qui... (*A part, en regardant Mina.*) Elle ne me dirait pas un mot!

MULNER. Allons! tu as bien fait, mais je n'ai pas besoin de toi... je retourne à Martigny, j'y ai affaire... (*Bas à Schnaps.*) Tâche d'être gai... les jeunes filles, ça aime la gaîté; quand on veut plaire, il ne faut pas avoir l'air d'un bonnet de nuit.

SCHNAPS. Je ne peux cependant pas passer mon temps à cabrioler comme une chèvre... danser sans en avoir envie; il n'y a que les ours qui se livrent à de pareils déréglemens.

MULNER, *bas à Mina.* Tu vois bien que ce pauvre garçon est tout décontenancé!.. Rassure-le... voyons!.. dis-lui que le mariage aura lieu prochainement; venant de toi, ça lui fera plaisir; dis-lui ça.

MINA. Mon père...

MULNER, *bas à Schnaps.* Elle a quelque chose à t'annoncer sur le mariage... bientôt... bientôt.

SCHNAPS, *surpris et avec joie.* Bah!

MULNER, *en s'éloignant par le chemin au fond à droite, d'un air satisfait et en les regardant.* Oui, oui, oui.

Schnaps le suit jusqu'au bord du sentier, puis il revient à Mina avec un peu d'émotion.

SCENE VII.

MINA, SCHNAPS.

SCHNAPS, *s'avançant timidement.* Mina... c'est... c'est vrai que vous avez quelque chose à me dire?

MINA. Moi, mon cousin?

Elle fait un signe négatif.

SCHNAPS. C'est que votre père me disait..... mais il se sera trompé, ce brave homme... les brave-hommes se trompent beaucoup.

MINA, *avec contrainte.* Ah! je sais.... à propos de... de notre union... oui... il faudra nous en occuper.

SCHNAPS, *modérant sa joie.* Dam! si vous voulez, Mina...

MINA. Et... fixer l'époque à laquelle elle aura lieu.

SCHNAPS, *vivement.* Ah! oui... ah! oui... (*A part, avec beaucoup d'émotion.*) O Dieu!

MINA. Eh bien! au... au printemps prochain.

SCHNAPS, *stupéfait, après avoir compté sur ses doigts.* Dans huit mois!.. (*Avec chagrin, à part.*) Je me disais aussi...

MINA, *naïvement.* Plus tard, si ça vous contrarie.... j'attendrai.... je ne suis pas pressée.

SCHNAPS. Je le vois bien... (*Après un temps et d'un ton pénétré.*) Mina, nous avons été élevés ensemble, comme frère et sœur... je pensais que vous me portiez un peu d'amitié... je sais qu'il y a des visages plus... flatteurs que celui que j'ai... (*Mina fait un mouvement pour rassurer Schnaps; il l'interrompt brusquement.*) Il y en a, je le sais, ne me taquinez pas là-dessus; et je croyais, que malgré ça vous aviez un petit peu de confiance en moi, parce que, dans ma laideur, je ne suis pas un malhonnête garçon... et je vois que vous me faites des cachotteries... (*avec émotion*) ça me fait de la peine, Mina!.. oh! bien de la peine!

MINA. Mon cousin, vous vous trompez.

SCHNAPS. Oh! non... mon oncle en mourant a voulu notre mariage, vous y avez consenti... vous y consentez encore... et pourtant vous ne croyez pas pouvoir être heureuse avec moi... vous ne m'aimez pas.

MINA. Moi!... pouvez-vous croire?...

SCHNAPS. Oh! ne vous en défendez pas!.. ce n'est pas votre faute... on n'est pas maître de ça... c'est moi qui n'a pas su m'y prendre comme il faut... (*cherchant à dominer son émotion*) j'ai pourtant bien tâché!..

MINA. Vous m'en voulez?..

SCHNAPS. Est-ce que je peux? (*S'animant un peu.*) Mais il fallait me le dire franchement, il ne fallait pas me laisser croire ce qui n'est pas... car si je ne m'étais pas aperçu... c'est bien pénible à dire... si je ne m'étais pas aperçu que vous ne m'aimiez pas, je vous aurais épousée... et vous auriez été malheureuse toute la vie!.... (*Avec reproche en élevant la voix.*) Ah! vous n'avez pas songé à ça vous?.. (*Ému.*) C'est mal, Mina!... de n'avoir pas confiance en son cousin!

MINA, *interdite.* Schnaps, ce que vous dites-là... je suis si étonnée!.. si surprise!.. Mais cependant le testament de notre oncle Werner...

SCHNAPS. Vous force à m'épouser, n'est-ce pas?.. ou à me laisser votre part de l'héritage... Il a cru, ce pauvre brave oncle, qu'on pouvait léguer un cœur comme on lègue une métairie... (*Avec colère.*) Ah! s'il n'était pas mort, comme je l'arrangerais!...(*Il tire des papiers de sa poche.*) Tenez, Mina, le voilà ce testament.., voilà tous les papiers pour notre mariage!.. déchirez-les, jetez-les au feu, n'importe, je ne veux plus les garder... ils me brûlent le cœur.

MINA. Quoi!.. vous voulez?...

SCHNAPS, *avec bonté.* Prenez-les toujours, allez!

Elle les prend.

AIR : *d'Yelva.*

Il est des lois dont jamais on n' s'écarte;
Ce testament me nommait votre époux...
Mais j' vous dirai, comme l'emp'reur Bonaparte,
Brulez c' papier, j' n'aurai plus d' droits sur vous!
Votre âm', je crois, en sera plus joyeuse,
Et j'accomplis un engag'ment d'honneur...
Puisque je n' peux, Mina, vous rendre heureuse
Qu'en renonçant à fair' votre bonheur!

Et cependant, si un jour vos idées changent, et que vous vous rappeliez qu'il vous reste un cousin... tendez-moi la main.... oui, tendez-moi la main... je saurai ce que ça veut dire.

MINA, *avec douceur.* Oui, Schnaps... (*A part.*) Il attendra long-temps, le pauvre garçon... (*Haut, cherchant à détourner la conversation.*) C'était... c'était donc uniquement pour me remettre ces papiers que vous êtes venu me trouver?

SCHNAPS, *à part.* Elle fait celle qui ne comprend pas. (*Haut.*) Pour ça uniquement... et pour autre chose encore que je ne veux pas dire, parce que...

Il donne des signes de mauvaise humeur.

MINA. Vous saviez donc me rencontrer de ce côté de la montagne?

SCHNAPS. Parbleu! quand vous n'êtes pas à la maison, on est bien sûr que vous êtes par ici!.. le chevrier a des yeux.

MINA, *d'un air indifférent.* Oui, ce côté-ci est peu fréquenté, et j'aime la solitude.

SCHNAPS, *à part.* La solitude!... (*A Mina, avec ironie.*) La solitude?

MINA. Et puis, c'est sur le revers de cette roche que croissent les plus belles gentianes... et c'est une fleur que j'adore.

SCHNAPS, *de même.* Des gentianes?

AIR : *du Code et de l'Amour.*

J'voudrais pas vous fair' de chicanes,
Mais jureriez-vous sans détour
Que c'est pour cueillir des gentianes
Que vous v'nez ici chaque jour?
Moi, je n' juge pas sur l'enseigne,
C'est pas Schnaps qu'on attrape ainsi...
Il lui prend la main avec une colère concentrée.
C'est des soldats du roi d' Sardaigne
Que vous venez cueillir ici!

MINA, *confuse.* Qu'est-ce à dire? vous épiez mes démarches?

SCHNAPS. Ce n'est pas moi, ce sont mes yeux, voilà leurs procédés.

MINA. Ils sont affreux!

SCHNAPS. Ils sont affreux, je ne dis pas; mais ils sont diablement bons, et ils ont vu... Voilà quinze jours que vous nourrissez cet être-là. Mais où ça vous mènera-t-il?

MINA. Vous penseriez?...

SCHNAPS. Mais qu'est-ce que vous voulez en faire?... Et ces bouteilles de vin du Rhin?... et ces fameuses tranches de jambon que vous cachez chaque jour dans votre panier?

MINA. Je vous assure...

SCHNAPS. Une jeune fille n'emporte pas des bouteilles de vin pour sa subsistance... Il y a quelqu'un d'extrà!

MINA, *avec effusion.* Eh bien! c'est vrai!... Aussi bien c'est un secret qui me pèse, et je veux un ami pour confident, je ne veux rien vous cacher... C'est un pauvre militaire...

SCHNAPS, *l'interrompant avec colère.* Et c'est moi que vous choisissez pour ça.... Non, je ne veux pas, je ne veux rien savoir...

MINA. Mais...

SCHNAPS, *avec force.* Je vous prie de vous retenir! Une chose seulement: l'aimez-vous?... (*Tranquillement.*) N'ayez pas peur! dites-le-moi?

MINA. Pourquoi?

SCHNAPS, *avec force.* C'est que... si vous l'aimez ...?

MINA, *souriant.* Vous serez jaloux?

SCHNAPS, *après un moment de réflexion.* Non!... je tâcherai de l'aimer aussi... Mais si vous ne l'aimez pas...!

MINA. Eh bien?

SCHNAPS, *avec force.* Je le prendrai à bras le corps, et nous déboulerons comme deux avalanches au fond du premier précipice venu!

MINA, *vivement.* Grand Dieu!

SCHNAPS, *s'animant.* L'aimez-vous?... parlez!

MINA, *vivement avec crainte et comme malgré elle.* Schnaps, si vous avez quelque amitié pour moi... (*se modérant*) vous ne chercherez point querelle à ce pauvre officier, entendez-vous?

SCHNAPS, *avec résignation.* Alors c'est bien... (*D'un air furieux.*) Ah! sacrelotte! si mon oncle n'était pas mort, comme je l'arrangerais!

MINA. Eh bien! vous voilà encore en colère?

SCHNAPS. C'est vous qui en êtes cause. Je ne voulais pas parler de ça, et vous m'avez mis sur la voie... Je prévois des choses tristes!... allons, allons, je prévois des choses pénibles!...

MINA. Calmez-vous, mon ami.

SCHNAPS, *amèrement.* Son ami!... Ah! pour savoir ce que ce sexe-là a dans l'ame, je voudrais être femme dix minutes!... (*avec indignation*) pas plus!... un quart d'heure, je serais honteux!

MINA. Il faut que je rentre... Schnaps, j'ai besoin de vos conseils, vous ne me les refuserez pas?

SCHNAPS, *avec force.* Moi?... Quand vous devriez rougir de votre conduite!... A vous?... qui n'auriez dû jamais mettre les pieds ici!...

MINA. Comment!...

SCHNAPS, *de même.* Pour lui?... que vous devriez abandonner!

MINA. L'abandonner!

SCHNAPS, *très-animé.* Des conseils!... pas le plus petit!... Non! je veux vous laisser nourrir un vagabond! Oui, un homme sanguinaire! Non! c'est trop peu!... un homme sauvage!... Oui, je veux vous laisser vous perdre!

MINA, *à part.* Me perdre?...

SCHNAPS. Non! je veux vous laisser désoler votre père.

MINA. Mon père !...

Elle s'éloigne, Schnaps la poursuit de ses imprécations.

SCHNAPS. Qui est gros, mais qui mourra très-bien de chagrin.

MINA. Oh ! non, je ne reviendrai plus !

Elle sort par le sentier du fond, à droite.

SCHNAPS. Je veux vous laisser choyer un bandit !

SCENE VIII.

SCHNAPS, *seul.*

Un homme qui a peut-être mis le feu dans cinquante endroits de la Savoie, (*il redescend la scène*) qui a assassiné des pauvres petits enfans de six semaines, qui sait? c'est lâche !... Pourquoi a-t-il quitté le roi de Sardaigne, cet homme-là?... pourquoi, étant de la Savoie, n'a-t-il pas été en France faire voir la marmotte en vie, qui est une industrie très-bien vue et protégée dans ce pays-là? Quelle idée!... Au lieu de venir en Suisse se faire aimer d'une jeunesse... Ah ! je frémis... j'éprouve... Oh ! Il faut que ça finisse.... je vas me fourrer dans quelque trou du voisinage, et dès qu'il passera à ma portée... (*Max paraît au fond, Schnaps l'aperçoit.*) Bon !

Il disparaît un instant à gauche, et se prépare à tomber sur Max.

SCENE IX.

SCHNAPS, MAX, *venant par le second plan à droite.*

MAX, *sans voir Schnaps.* Elle ne revient pas !... je m'ennuie tout seul ; ma foi, elle m'a dit de sonner de ce cornet quand je voudrais la voir. Profitons du moyen.

Il tire quelques sons d'une trompe en se tournant du côté de la vallée.

SCHNAPS, *à part, étonné.* Il corne!... (*Avec colère.*) Ah ! il corne !... (*Il retrousse ses manches d'un air menaçant, puis changeant d'avis.*) Non... je réfléchis !

MAX, *apercevant Schnaps.* Un paysan ! garde à nous !

Schnaps remonte vivement la scène, il prend la main de Max, et le force de redescendre.

SCHNAPS, *brusquement, après l'avoir amené sur l'avant-scène.* L'aimez-vous !

MAX. Qui ?

SCHNAPS. Mina !

MAX. Qu'est-ce que c'est que Mina ?

SCHNAPS. Celle qui vous nourrit !

MAX, *avec joie.* On la nomme Mina ! Merci, mon camarade.

Il lui prend la main.

SCHNAPS, *retirant violemment sa main.* Je ne suis le camarade de personne. L'aimez-vous? oui ou non !

MAX, *riant à part.* Voilà un drôle de gaillard !... Mais je ne suis pas en position de me fâcher.

SCHNAPS, *avec menace.* Pour la dernière fois, l'aimez-vous? répondez !... cristi !...

MAX. Si je l'aime?... Mon brave ami, mais c'est pour moi l'image de Dieu sur la terre !

SCHNAPS, *étonné.* Bah !

MAX.

AIR : *Au temps heureux de la chevalerie.*

Elle franchit ces rocs inaccessibles
Pour m'apporter son jambon et son lait ;
Car la montagne est pauvre en comestibles,
On ne vit pas de thym, de serpolet ;
La faim produit la plus triste des fièvres,
J'en serais mort dans ce lieu si vanté,
Où la nature a tant fait pour les chèvres
Et si peu pour l'humanité !

SCHNAPS, *d'un air contraint.* Et... ça vous a inspiré de l'amour pour elle ?...

MAX, *vivement.* De l'amour? non !... de la reconnaissance !

SCHNAPS, *avec joie.* Quoi?... Ah ! brave soldat !... vous ne la payez pas de retour?... (*A part, en abaissant ses manches qui étaient retroussées.*) J'ai bien fait de ne pas l'éreinter d'abord.

MAX, *vivement.* De retour?... Elle m'aimerait !

SCHNAPS, *vivement.* Je ne dis pas ça !... (*A part.*) A-t-on jamais vu une bêtise pareille à ce que je fais là !

MAX, *avec étourderie.* Mais... au fait ! je me rappelle... ces attentions, ces soins délicats... l'empressement qu'elle met à m'être agréable..... (*A Schnaps.*) Vous me donnez une idée... vous !

SCHNAPS. Comment ! je lui donne une idée ?...

MAX. Il n'est pas naturel que cette pauvre jeune fille fasse tous les frais, et puisqu'elle m'aime...

SCHNAPS, *vivement.* Mais non ! Ah ben ! a-t-on jamais... ! Mais non ! mais non !

MAX. Ah ! parbleu ! ce sera une charmante distraction. Je suis enchanté de vous avoir vu.

SCHNAPS. Soldat !... est-ce que vous auriez l'indignité de croire ce que je vous dis ?

MAX, *sans l'écouter.* Mais savez-vous qu'elle est très-jolie ?

SCHNAPS, *désolé.* Ah ! seigneur ! il n'y pensait pas. Qu'est-ce que j'ai fait là ?... j'aurais mieux fait de me casser un bras... ou une jambe... à lui !

MAX, *voulant lui prendre la main.* Vous êtes mon bienfaiteur, vous !

SCHNAPS, *avec un mouvement violent.* Ne me touchez pas, cristi !... (*A part.*) Et moi qui ai promis à Mina de ne pas sauter sur lui ! Ah ! que le montagnard est bête !... (*Il frappe violemment sur sa poche.*) Allons ! bon ! j'ai cassé ma pipe ! (*Avec fureur.*) Le montagnard !... Je voudrais en tenir un !...

Il s'éloigne par le fond à gauche, en donnant des signes de colère.

SCENE X.

MAX, *seul, regardant Schnaps qui s'éloigne.*

Qu'a-t-il donc, cet original-là ?... Il n'a pas l'air content. (*Réfléchissant.*) Ce qu'il m'a dit... Eh quoi ! ma position aventureuse n'aurait pas effrayé Mina ?... Oh ! c'est charmant ! (*Après un temps.*) Mais ce n'est pas Lisbeth !... (*Avec douleur.*) Lisbeth ! Lisbeth ! elle m'a trahi... Mais écartons le souvenir du cruel événement qui m'éloigne de la Savoie, et m'oblige à me cacher ici... Cependant je ne puis pas rester éternellement dans ces montagnes... (*Mina paraît au fond, elle vient par le sentier à droite*) et y mener l'existence d'un chamois... Cette excellente jeune fille se lassera de me protéger... et alors...

SCENE XI.

MAX, MINA.

MINA, *qui s'est arrêtée au fond, d'un ton gracieux.* Le croyez-vous, monsieur ?...

MAX. Vous étiez là ?

MINA. J'arrive, et j'ai entendu que vous doutiez de moi.

MAX. Ah ! pardon, pardon, ma charmante bienfaitrice !

MINA. Cependant vous avez failli avoir raison. Oui... depuis ce matin, mille pensées sont venues m'assiéger. (*A part.*) Ce que m'a dit mon père... et les sages avis de Schnaps...

Elle est pensive.

MAX. Qu'est-ce donc ?

MINA, *avec un abandon naïf.* Je vous l'avouerai, je ne voulais plus revenir.

MAX. Vous voyez bien !

MINA, *avec gentillesse.* Mais j'ai entendu votre signal, et j'ai pensé que vous aviez besoin de moi.

MAX. Quelle heureuse inspiration j'ai eue !

MINA, *vivement et avec ingénuité.* Vous ai-je bien fait attendre ?

MAX, *avec âme.* Trop ! toujours trop !

MINA, *de même.* J'ai pourtant bien couru !

MAX. Excellente Mina !

MINA, *vivement.* Vous savez mon nom ?

MAX. Je l'ai appris d'un paysan, espèce d'ours des Alpes....

MINA. C'est Schnaps ! De lui je n'ai rien à craindre ; mais si d'autres découvrent ce qui m'amène ici, que pensera-t-on ?... Vous le voyez, je ne dois plus revenir.

MAX, *sérieusement.* Oui, Mina, vous avez raison.

MINA, *avec gentillesse.* Mais si je cours risque de me compromettre en venant dans la montagne pour vous voir quelquefois... le même danger n'existerait pas si vous pouviez trouver un asile à Martigny.

MAX. A Martigny ?

MINA, *de même.* Demandez l'hospitalité à mon père.

MAX. Y songez-vous ?

MINA, *avec une joie naïve.* Oh ! j'ai fait ce projet-là tout-à-l'heure... Venez !

MAX. Votre affection me pénètre de reconnaissance, mais je ne puis...

MINA, *avec une sorte d'autorité enfantine.* Oh ! je le veux !

On entend dans le lointain un cor qui prélude à l'air suivant.

MAX, *après avoir écouté.* C'est le rappel des troupeaux... Déjà !... Mina, vous allez me quitter !..

MINA.

AIR : *Loys, Loys, mon petit page.*

Errant, sans ami, sans compagne,
La nuit est triste à la montagne ;
Au soldat que tout semble fuir
Le jour est bien lent à venir.
Venez, sous un toit tutélaire,
Vous trouverez près de mon père
La paix, le bonheur, le bonheur, le plaisir. (*bis.*)

MAX.

Mais Mina, je serais coupable
En suivant un conseil si doux ;
Car un malheur irréparable
Peut, hélas ! m'atteindre chez vous.

MINA.

Allons ! votre raison s'égare
Il me faut quitter ce rocher,
Et ce signal qui nous sépare,
Demain viendrait nous rapprocher.

ENSEMBLE.

MINA.

Errant, sans ami, sans compagne, etc.

MAX.

Errant, sans ami, sans compagne,
La nuit est triste à la montagne;
Au soldat, que tout semble fuir,
Le jour est bien lent à venir.
Retournez près de votre père,
Il n'est plus pour moi sur la terre
Ni paix, ni repos, ni repos, ni plaisir. (*bis.*)

MINA, *avec entraînement.* Venez, monsieur le soldat, mon père vous accueillera. Vous lui direz : J'étais fugitif, votre fille a eu pitié de moi... Je l'embrasserai; il me pardonnera, et il vous tendra la main..... et puis...

Elle s'arrête avec confusion.

MAX, *vivement.* Et puis?...

MINA, *avec embarras et retenue.* Et puis... nous... vous verrez!...

MAX, *avec expansion, en lui prenant la main.* Mina!... (*A part, avec résolution.*) Allons, allons, dès que cela devient sérieux, il n'y faut plus songer... Je porte malheur à ceux qui m'aiment.

MINA. Eh bien! monsieur?...

MAX, *avec effort.* Eh bien! je ne puis vous accompagner.

MINA, *s'animant.* Quoi! vous refusez? Ah! c'est bien mal, monsieur, c'est bien mal.

MAX. Des raisons que vous ne pouvez apprécier...

MINA, *avec humeur et une résolution enfantine.* Oh! je trouverai bien un moyen de vous contraindre à venir à Martigny.

Elle est émue.

MAX, *cherchant à l'apaiser.* Mais... mon Dieu... je voudrais pour tout au monde...

SCENE XII.

MAX, MINA, SCHNAPS, *arrivant vivement par le fond à gauche.*

Il porte sous le bras un manteau de chevrier; l'orchestre exécute un trémolo jusqu'à l'arrivée de Mulner.

SCHNAPS, *accourant à Mina avec effroi.* Allez-vous-en! allez-vous-en!

MINA. Comment?

SCHNAPS. Ce rocher est cerné!

MINA. Cerné?...

MAX. Pour quelle raison?

SCHNAPS. M. Mulner vient par là pour arrêter un soldat du roi de Sardaigne.

MAX, *avec force.* Moi?

MINA. O ciel! sauvez-vous, monsieur, fuyez!

SCHNAPS. Impossible! toute la force armée de Martigny est sur pied.

MAX. Je suis dénoncé! Ce ne peut être que par lui. (*Il montre Schnaps.*) Je n'ai été vu que de lui!

SCHNAPS, *furieux.* Soldat! ne répétez pas la phrase en question... je saute sur vous!

MINA, *à Max.* Il en est incapable!

SCHNAPS, *avec menace.* D'y sauter?

MAX, *vivement.* Je pénètre son motif!... Cet homme vous aime...

MINA. O Schnaps! ce serait une bien odieuse vengeance!

SCHNAPS, *confondu.* Elle le croit!... (*Très-animé.*) Eh bien! croyez-le, méprisez-moi si vous voulez; mais, pour l'amour de Dieu, Mina, qu'on ne vous surprenne pas ici... On m'a vu monter tout seul... J'entends déjà des voix... Si on vous trouve ici... avec lui...

MINA. Il a raison! Que faire? où me cacher?

MAX. Là, dans cette cabane.

Il conduit Mina vers la cabane à droite.

MINA. Je suis perdue!

MAX. Non... c'est moi seul qu'on cherche... Entrez là, et soyez sans crainte.

MINA. Que le ciel nous protége!

Elle entre dans la cabane, dont Max referme la porte, puis il regarde au fond.

SCENE XIII.

MAX, SCHNAPS.

SCHNAPS, *sur le devant de la scène.* Elle m'accuse d'avoir dénoncé cet homme!.... Parce qu'elle ne m'aime pas, elle me croit plat! Voilà bien les femmes! (*Avec force.*) Les femmes! Oh! je voudrais en tenir une dans un coin!...

MAX, *descendant la scène.* On vient... de la résolution.

SCHNAPS. De la résolution!... Me voilà complice de mon ennemi, à présent... Oh! pitié! pitié!... l'homme est une vraie machine!

SCENE XIV.

MAX, MULNER; SOLDATS *au fond, sur deux lignes.*

Mulner gravit la montagne aidé par un soldat. Ils arrivent par le sentier qui conduit à la vallée au fond, à droite, et se placent sur deux files.

MULNER, *à part, au fond.* Le voilà!.... (*S'approchant de Max.*) N'êtes-vous pas le sous-lieutenant Max?

MAX. Oui.

MULNER. Vous allez me suivre à Martigny.

MULNER.
Allons, partons : l'heure s'avance,
Nous ne pouvons, etc.

SCHNAPS, *à part.* Il est pincé !

MULNER. Mais vous n'étiez pas seul ici ?

SCHNAPS, *à part, effrayé.* O mon Dieu !

MAX. J'étais avec ce paysan.

MULNER. Mes renseignemens sont sûrs, une jeune personne est avec vous.

SCHNAPS, *à part.* Il le savait !

MAX. Et quand cela serait, monsieur, si cette jeune personne n'a été conduite ici que par sa compassion pour un pauvre fugitif, pousseriez-vous l'inhumanité jusqu'à la compromettre par un éclat inutile ?

MULNER. Et sa famille ! sa famille, monsieur, que vous réduisez au désespoir !

MAX. En définitive, monsieur le... (*il cherche le mot*) bourgmestre, je crois....

MULNER, *ôtant son chapeau.* Oui, monsieur.

MAX. Vos instructions portent-elles de nous arrêter tous les deux ?

MULNER. Oui, certes ! (*A un soldat.*) Entrez dans cette cabane ; elle ne peut être que là.

SCHNAPS, *arrêtant le soldat.* C'est moi qui vais la chercher... Je veux qu'on la respecte, ou sinon...

Il entre dans la cabane, le soldat reste à la porte.

MULNER, *à part.* Mon pauvre Ulric, va, compte sur moi ; je protégerai ta malheureuse enfant !

MAX, *à part.* Quelle est donc cette jeune fille qui me met dans un pareil embarras ?

FINAL (*de J. Doche*).

CHOEUR DES SOLDATS.
La voilà ! la voilà, la coupable !
Elle s'était cachée ici.
Allons, c'est l'ordre irrévocable,
Il faut nous suivre à Martigny.

SCENE XV.

MAX, MULNER, SCHNAPS, MINA, Soldats *au fond.*

Mina est amenée par Schnaps, elle est enveloppée du manteau de Schnaps. En entrant en scène Schnaps abaisse le capuchon du manteau sur la tête de Mina, de façon à ce que ni Mulner ni les soldats ne puissent voir son visage.

MINA, *à part.*
Mon père !

MULNER, *à Mina avec bonté.*
Approchez-vous, ne craignez nul danger,
Personne ici ne veut vous outrager.
Mais ce n'est pas l'usage
De cacher son visage !

SCHNAPS, *à Mulner.*
La forcer de rougir devant tant de soldats.

MULNER.
Schnaps ! taisez-vous !

MAX, *à Mulner.*
Mais enfin, c'est un' femme !

MULNER, *à Mina.*
Si c'est votre désir, ne vous découvrez pas...
Oui, le regret doit déchirer votre ame...
Vous avez eu bien peu d'égard
Pour un bon et digne vieillard.

MINA, *confuse.*
Mon père !

MULNER.
Oui, votre père ;
(*Aux soldats.*)
Qu'on la conduise au sein de ma famille !

La première file de soldats se porte à droite derrière Mina, et la seconde à gauche, derrière Max, pour surveiller leurs mouvemens ; Schnaps rassure Mina du geste.

MAX.
Chez vous ?

MULNER.
Oui, chez moi.

SCHNAPS, *à part.*
Quel malheur !
Il la r'connaît !

MULNER, *aux soldats.*
Des égards ! son honneur
M'est aussi cher que celui de ma fille !

MINA, *à part.*
Ah ! par son calme il me glace !

SCHNAPS, *à Mulner, bas.*
Comment !
Vous la fait's escorter par un détachement ?
Mais vous allez la compromettre ;
Il vaudrait mieux me la remettre,
Et je la conduirais en s'cret à la maison.

MULNER, *à part.*
Sur mon honneur, il a raison.
à Schnaps.
Eh bien donc, je te la confie !

ENSEMBLE.

A part.
C'est le plus beau jour de ma vie !

MAX, *à part.*
Quoi ! c'est à lui qu'il la confie !

SCHNAPS, *à part.*
Je triomphe ! il me la confie !

MINA, *à part.*
Ah ! par l'effroi je suis saisie !

Les soldats qui étaient à droite se portent à gauche et enveloppent Max. Pendant le chœur suivant, Mulner d'abord, puis Max, au milieu des soldats, descendent le sentier du fond, à droite, de façon à ce qu'avant la fin du chœur, ils soient tous descendus ou en train de descendre ; la scène n'est plus occupée alors que par Schnaps, qui donne le bras à Mina.

CHOEUR GÉNÉRAL.

CHOEUR DES SOLDATS.
Allons, partons, l'heure s'avance,
Nous ne pouvons rester ici ;
Du calme et de l'obéissance,
Il faut nous suivre à Martigny !

MAX.
Montrons-leur de l'obéissance,
Et suivons-les à Martigny :
Une fois là, du moins, je pense,
J'aurai la clef de tout ceci !

SCHNAPS, *à Mina.*
Allons, partons : l'heure s'avance,
Nous ne pouvons rester ici ;
Du calme et de l'obéissance,
Il faut me suivre à Martigny.

MINA, *à part.*

Ah! d'effroi je tremble d'avance;
De douleur mon père est saisi,
Car j'ai trahi sa confiance...
Comment finira tout ceci?

Schnaps emmène Mina, ils descendent le sentier du fond, à gauche. On n'aperçoit plus que quelques soldats, qui descendent à droite.

FIN DU PREMIER ACTE.

ACTE DEUXIÈME.

Un intérieur rustique; porte au fond, conduisant à l'extérieur; porte à gauche, au premier plan, conduisant à l'appartement de Mulner; porte à droite, au premier plan, conduisant dans les autres parties de l'habitation. A droite, au deuxième plan, une fenêtre, sur laquelle sont des pots de fleurs; à gauche, au second plan une grande cheminée; auprès de la porte du fond, à droite, une horloge; entre l'horloge et la fenêtre un banc de bois; à gauche, au fond, entre la porte et la cheminée, une table sur laquelle est un flambeau. Lorsque la porte du fond est ouverte, on aperçoit de l'autre côté du palier une autre porte au fond fermant à l'extérieur par un verrou.

SCENE PREMIÈRE.

MINA, SCHNAPS.

Ils entrent par le fond. Mina a toujours la tête couverte du manteau de Schnaps. La nuit vient.

SCHNAPS, *avec humeur et brusquerie.* Allons! sacrelotte! ne tremblez donc plus, nous voilà arrivés... rien n'a transpiré... (*Il s'essuie le front.*) A présent que vous êtes chez vous, ôtez votre coqueluchon... personne ne vous a reconnue.

Il ôte le manteau qui cachait Mina et le jette sur le banc.

MINA. Et mon père?

SCHNAPS. Votre père? pas plus que les autres... Je l'ai cru aussi, d'abord; mais les pères! ça vient au monde aveugle!

MINA. N'a-t-il pas dit à l'officier : Je tiens à l'honneur de cette demoiselle autant que si elle était ma fille? Vous le voyez, c'était pour ne pas me compromettre aux yeux de ses soldats.

SCHNAPS. Oui, c'est vrai, il a dit ça, ce bon homme... Je flotte!.. (*Avec humeur.*) Mais, du reste, à qui la faute? Vous étiez toujours sur ce satané rocher; on aurait dit que ce soldat vous attirait comme le serpolet attire les chèvres... Oh! si je tenais tous les soldats du roi de Sardaigne, je leur tordrais le cou... à tous!

MINA, *avec vivacité et dépit.* Eh bien! j'hésitais à le croire, mais maintenant j'en suis sûre, c'est votre affreuse jalousie qui est cause de tout... Tenez, je vous déteste!

Elle entre vivement chez elle, à droite.

SCENE II.

SCHNAPS, *suivant Mina jusqu'à sa porte, d'un ton très-animé.*

Elle me déteste! oui, je leur tordrais le cou à tous... (*Revenant tranquillement.*) Mais à quoi cela me servirait-il? Elle n'en aime qu'un... je ferais des victimes!.. Enfin, il est dedans! c'est déjà une bonne chose.... Mais je ne sais pas pourquoi j'ai une envie de pleurer qui me serre le gosier... je me figure que cet homme-là la battra!.... Et c'est ce qui m'empêche de m'en aller d'ici... car, c'te pauvre fille, si elle n'a personne pour la défendre... Ce n'est pas mon oncle, qui est vieux, et qui n'est pas fort, (*avec humeur*) quoique gros!... moi, je suis là... j'ai Turc et Pluton, mes deux chiens... et si il bouge, je le fais grignoter!... Mais v'là la nuit... (*Il va à la fenêtre pour la fermer, et regarde les fleurs qui sont placées sur la saillie extérieure de la croisée.*) Ces pauvres fleurs! comme elle les abandonne à présent! elle qui les aimait tant! (*En soupirant.*) La montagne lui a fait tout oublier, les fleurs et le cousin! (*Il regarde par la fenêtre.*) Allons! Fritz a eu une heureuse idée de mettre les cloches à melon sous cette fenêtre; si le vent faisait tomber un pot, tout serait brisé! (*Avec colère.*) Oh! l'imbécile de Fritz!.. et pas de lumière à l'heure qu'il est! (*Il prend une allumette et allume la chandelle au feu de la cheminée.*) Tout le monde a donc perdu la tête!

SCENE III.

SCHNAPS, FRITZ, *entrant par le fond.*

FRITZ. Monsieur Schnaps?

Schnaps sans se déranger.

SCHNAPS, *allumant sa chandelle.* Qu'est-ce que c'est? Ah! c'est l'imbécile de Fritz! (*Parlant pendant que Fritz lui annonce qu'une femme désire le voir.*) Pourquoi donc est-ce que tu mets des cloches à melon sous la fenêtre? Si le vent faisait tomber un pot...

FRITZ. Il y a là une femme qui dit comme ça que vous lui avez dit, ce matin, de venir vous parler ce soir.

SCHNAPS, *qui n'a pas cessé de parler.* Une femme! tiens! et moi qui oubliais d'en prévenir Mina! Ah! ventre-de-biche! l'homme est une vraie mécanique... qu'elle attende un moment.

Fritz sort par le fond.

SCENE IV.

SCHNAPS, *puis* MINA.

SCHNAPS, *ouvrant la porte qui conduit chez Mina.* Mina! Mina! venez!

MINA, *craintive, et sans passer le seuil de la porte.* Est-ce que mon père me demande?

SCHNAPS. Il n'est pas encore revenu. Non, j'ai quelque chose à vous dire. (*Mina vient en scène.*) En rentrant les bêtes, tantôt, j'ai fait la rencontre d'une vieille femme que je ne connais pas. Elle n'est pas du pays, d'après sa coiffure; mais elle a l'air d'avoir du chagrin, d'après sa figure, et elle demande du travail.

MINA, *vivement.* Mais nous cherchons une domestique.

SCHNAPS. Voilà justement... et je me suis dit : ma cousine en aura peut-être compassion... (*avec intention*) quoique c'te pauvre vieille ne soit pas au service du roi de Sardaigne... Elle est là...

MINA. Elle est là? Faites-la venir, Schnaps, faites-la venir...

SCHNAPS, *allant au fond.* Je vas lui dire. (*A la cantonnade, et avec brusquerie.*) Avancez, voyons... Ah ben! si vous avez déjà peur comme ça, faut pas songer à vous mettre en service.

MINA. Allons, pourquoi la rudoyer ainsi?

SCHNAPS, *rentrant un peu.* Je n'aime pas les poltronnes... je battrais, moi, une femme poltronne! (*A la cantonnade.*) Venez donc.

SCENE V.

SCHNAPS, LISBETH, *elle s'avance timidement;* MINA.

Schnaps ferme la porte du fond.

MINA, *à Schnaps.* Vous disiez une vieille femme?

SCHNAPS. Elle n'est pas vieille!.. (*A Lisbeth.*) Comment! vous n'êtes pas vieille? Pourquoi donc...? (*A part.*) J'ai la tête d'un côté et les yeux de l'autre.

MINA, *à Lisbeth.* Approchez, ne craignez rien.

SCHNAPS, *à Lisbeth.* Vous voyez bien qu'elle s'intéresse à vous.

LISBETH. Monsieur m'a dit qu'en ce moment vous cherchez quelqu'un pour vous seconder dans les soins du ménage, et j'ai espéré en vous.

MINA. Quel est votre pays, mademoiselle? Quel est est votre nom?

LISBETH. Telle est ma destinée que je ne puis vous le dire; mais je suis femme, et je suis malheureuse; me repousserez-vous?

SCHNAPS. Si vous ne dites pas votre nom, mais alors ce sera très-gênant quand on voudra vous appeler. (*En soupirant.*) Tout a un nom dans la nature!

LISBETH, *hésitant.* Eh bien! je me nomme...

SCHNAPS. Allons donc!

LISBETH. Je me nomme Lisbeth.

SCHNAPS. Lisbeth!.... (*D'un air peu satisfait.*) Oh! oh!.. enfin, c'est un nom.

MINA, *à Lisbeth.* Je crois que vous méritez l'intérêt que vous m'inspirez, et je suis disposée...

SCHNAPS. Cependant!... cependant! je ne dis pas que vous soyez une vagabonde; mais il faudrait savoir...

LISBETH. Oh! je n'ai pas manqué à l'honneur, monsieur. (*Schnaps fait un geste qui exprime qu'il en est convaincu.*) Si je tais le nom de mon pays et celui de ma famille, c'est par respect pour la douleur de mon bon et vénérable père.

MINA, *surprise.* Quel motif a pu vous séparer?

LISBETH, *avec abandon.* J'ai aimé!...

MINA, *vivement.* A son insu?..

Lisbeth baisse les yeux avec confusion.

SCHNAPS, *à Mina d'un ton de reproche.* Vous voyez!.. vous voyez, Mina!.. hein!

LISBETH. Mon cœur repoussait celui qui m'était destiné par mon père....

SCHNAPS. Il était votre parent peut-être?

LISBETH, *avec ingénuité et étonnement.* Non! ami, seulement!..

SCHNAPS, *vivement.* Tant pis!

LISBETH. Pourquoi?

SCHNAPS, *s'éloignant un peu.* Rien!... rien... c'est une bêtise qui me passe.

LISBETH. Mais bientôt les assiduités de mon futur donnèrent de l'ombrage à mon ami, qui me fit promettre de rompre avec celui qu'il considérait comme son rival.

SCHNAPS, *avec véhémence.* Oh! comme je l'aurais battu!

MINA. Qui?

SCHNAPS. N'importe lequel!

LISBETH. Un jour je faisais de vains efforts

pour faire comprendre au jeune homme protégé par ma famille que je ne pourrais jamais être à lui, lorsque celui que j'aimais apparut tout-à-coup la fureur dans le regard.

SCHNAPS, *avec colère*. Voilà!.. voilà!..

LISBETH. Lisbeth! vous m'avez trahi, s'écria-t-il. Je voulus lui répondre.... il ne m'écoutait pas, et déjà un combat s'était engagé, un combat affreux qui jamais ne s'effacera de ma pensée... (*Schnaps soupire.*) Brisée par l'émotion, j'étais restée à la même place, lorsque j'entendis la chute d'un homme et une voix qui s'écria...

SCHNAPS. Patatra!

LISBETH. Une voix qui s'écria : Je suis mort!

MINA, *jetant un cri*. Ah!

LISBETH, *continuant*. Je m'évanouis....

SCHNAPS, *soutenant dans ses bras Lisbeth, qui paraît surprise*. Elle s'évanouit... secourons-la.

MINA. Mais vous vous trompez.

SCHNAPS, *regardant Lisbeth et comprenant*. Eh bien? ah oui!.. (*Se fâchant de sa méprise.*) Eh bien! quoi!.. il y a de quoi!... il y avait parbleu bien de quoi!

MINA. Pauvre jeune fille!

LISBETH. Quand je revins à moi, mon ami avait disparu. Seule, auprès de ce corps inanimé, l'épouvante me saisit. J'entendais un bruit confus de voix... je distinguai celle de mon père... Il s'approchait; la terreur s'empara de tous mes sens... je n'osai affronter ses regards; vous le dirai-je? je me sauvai égarée... folle!

SCHNAPS, *à Mina, avec humeur*. Hein? Mina!... hein?

LISBETH. Depuis ce temps je suis errante. Je viens vous demander du travail et un asile... de grâce, ne me refusez pas; vous êtes femme, ayez pitié d'une femme!.. et si vous aimez... que vos amours à vous soient heureux!

Schnaps tire son mouchoir et s'essuie les yeux.

MINA, *avec émotion*. Lisbeth, votre malheur m'intéresse... oui, il m'a vivement touchée.

SCHNAPS, *après quelques sanglots*. Et moi, j'en suis très-content. (*S'animant.*) Voilà bien ce qui prouve.

MINA. Je parlerai à mon père.

LISBETH. Oh! que de reconnaissance!

MULNER, *en dehors*. C'est bien!... c'est bien!

SCHNAPS, *pleurant et d'un ton piteux, à Lisbeth*. C'est mon oncle!

MINA, *tremblante*. Mon père!

AIR *de la Batelière de Brienz*.

ENSEMBLE.

SCHNAPS.

Rentrez, cousine,
Oui, je devine (*bis*.)
Quel est votre embarras.
Allons, voyons, rentrez, et n'vous effrayez pas!

MINA, *à part*.

Ce qui m' chagrine,
S'il le devine, (*bis*.)
Comment, comment, hélas!
Dans ce cruel moment me tirer d'embarras!

LISBETH.

C'qui les chagrine,
Je le devine, (*bis*.)
C'est ma présence, hélas!
Qui cause en ce moment leur cruel embarras.

Schnaps conduit Mina et Lisbeth, qui entrent à droite.

SCENE VI.

MULNER, SCHNAPS.

SCHNAPS, *d'abord seul*. Et cette Lisbeth!... avec son histoire.... en voilà encore une!.. (*Avec colère.*) Oh! les pères, les pères! Je suis indigné!.. l'homme est petit!

MULNER, *entrant par le fond et fermant la porte*. Me voilà!

SCHNAPS. Eh bien! le prisonnier?

MULNER, *d'un air satisfait*. Il est ici.

SCHNAPS. Comment ici!.. où ça?

MULNER, *indiquant la porte qui est à l'extérieur*. Là! c'est la plus belle chambre de la maison... je veux qu'il soit bien.

SCHNAPS. Mais la porte ne ferme qu'au verrou... vous voulez donc qu'il s'échappe?

MULNER, *avec bonhomie*. Ecoute donc, je l'ai conduit à la prison de la ville; mais depuis quinze ans on n'y a mis personne.

SCHNAPS. C'est le tort qu'on a eu.

MULNER. Et la porte ne tient à rien. J'ai été obligé de l'amener avec moi. Ici, du moins, je l'aurai sous la main... (*Sérieusement.*) Et elle? elle? tu l'as ramenée?

SCHNAPS, *à part*. Il l'a reconnue! (*Haut.*) Oui, mon oncle.

MULNER. Elle ne s'attend pas à ce qui va lui arriver. Il faut être sévère, vois-tu? et je le serai.

SCHNAPS, *appuyant*. Vous aurez raison, il faut... (*Se radoucissant.*) C'est-à-dire, non.. non, mon oncle, vous aurez tort.

MULNER. Tort?.. une fille aussi coupable!

SCHNAPS, *avec onction*. Coupable? elle? pas plus que l'oiseau qui vient d'éclore. Les jeunes filles... c'est jeune... elle est dans l'âge de la bêtise... elle a fait une imprudence... pas plus... et vous criez?... Voilà bien la légèreté des pères!.... ils ont des enfans... qui sont plus jeunes qu'eux... ils ne les surveillent pas, et puis après, ils crient... Ah! ventre-de-biche! je ne voudrais pas être père!

MULNER. Je le suis, moi!

SCHNAPS, *d'un air de compassion*. Ah!

MULNER. Et je sais ce qu'il faut que je fasse.

SCHNAPS. Je l'ai déjà bien tarabustée... en route! Dans le premier moment, j'ai été vif... j'ai mal fait... je vous le dis pour que vous raccommodiez ça... je l'ai fait pleurer... dites-lui que j'en suis fâché.... dites-lui ça... Ces pauvres malheureuses femmes, ça pleure beaucoup, mon oncle. Je n'aime pas ça, moi. (*Il remonte de quelques pas puis redescend et dit d'un air gai :*) Est-ce que vous aimez, vous, à faire pleurer les femmes?

MULNER. Non certes... mais l'honneur... l'autorité d'un père méconnue...

SCHNAPS. Ah bah! au bout du compte... il n'y pas tant de mal... Si elle était sur le haut du rocher, ça prouve qu'elle l'aimait, ce militaire. Le cœur d'une jeune fille, voyez-vous, mon oncle, c'est de l'amadou.... je ne peux guère le regarder que comme de l'amadou... ça prend d'un rien. Elle est assez punie, à c't'heure; il s'agit d'être doux... une femme... c'est chétif...

MULNER. Mais je crois, le diable m'emporte, que tu t'avises de me faire de la morale!

SCHNAPS. Soyons doux!

MULNER, *impatienté*. Je sais ce que j'ai à faire, corbleu!

SCHNAPS. Soyons doux!

MULNER. Tiens, va-t'en!.. car...

SCHNAPS, *d'un air timide*. Mais, mon Dieu! ce que j'en dis, mon oncle, c'est dans votre intérêt...

MULNER. Comment, dans mon intérêt?

SCHNAPS, *toujours avec émotion*. Je vous respecte, et vous chéris.... c'est vous qui *m'a* donné l'éducation, et qui *m'a* mis à même de garder les chèvres... mais si vous la rudoyez.... (*Avec menace.*) Oh! oh!.... mon oncle!..

MULNER. Eh bien! qu'est-ce que tu feras?

SCHNAPS, *de même*. Je n'en sais rien!... mais ça sera laid... ça sera quelque chose de pas bien.

MULNER, *impatienté*. Ah ça! tu m'ennuies, toi!.. va te promener!..

Il va entr'ouvrir la porte qui conduit chez lui, à gauche.

SCHNAPS, *tranquillement*. Bon! bon! à moi tout ce que vous voudrez..... je suis de votre sexe.

MULNER, *à part, regardant chez lui*. Bien! voilà Guillaume qui entre. (*Haut.*) Schnaps, va-t'en.

SCHNAPS. Oui, mon oncle.

MULNER, *à part* *. Il a bon cœur; mais il est insupportable. (*Haut à Schnaps, qui s'arrête à la porte du fond.*) Un instant!... monte auprès du prisonnier; vois si rien ne lui manque. J'entends qu'on lui donne tout ce qu'il demandera... hors la liberté. Tu m'en réponds.

SCHNAPS, *redescendant*. Oui, mon oncle. Voyons, maintenant que vous êtes plus calme, mettez-vous un peu à sa place.... si vous étiez épris d'un militaire...

MULNER, *avec vivacité*. Encore!.. t'en iras-tu, à la fin?

SCHNAPS, *à part, en s'en allant*. Il me charge d'avoir soin de l'homme que j'exècre le plus sur la terre... Ma position est bien fausse! (*Il va à la porte du fond, se retourne et dit à Mulner :*) Soyons doux!

Il sort par le fond.

* Schnaps, Mulner.

SCENE VII.

GUILLAUME, MULNER.

MULNER, *d'abord seul, après avoir regardé Schnaps s'éloigner, va ouvrir la porte qui conduit a sa chambre, à gauche; il appelle :* Guillaume!... Guillaume!..

GUILLAUME. Me voici, monsieur le bourgmestre.

MULNER. Vous pouvez maintenant retourner à Chamouny, pour rassurer mon pauvre Ulric : sa fille est dans ma maison, et Max est prisonnier.

GUILLAUME, *avec joie*. Je ne m'étais donc pas trompé!

MULNER. Oh! je suis d'une joie!.. aussi j'ai agi avec une adresse d'autant plus surprenante, que je n'ai pas l'habitude de ces sortes de choses.

AIR : *Restez, restez troupe jolie.*

Dans notre paisible Helvétie,
Le prisonnier n'est pas commun;
J'en ai tant manqué dans ma vie!...
Enfin, par bonheur, j'en tiens un,
J'ai l'honneur d'en avoir fait un!
Moi-même j'ai peine à le croire,
Je suis plus fier d'un trait pareil,
Que ne fut Josué dans l'histoire,
Lorsqu'il arrêta le soleil!

GUILLAUME. Oh! que de grâces nous avons à vous rendre!.. Mais où est-elle?.. que je l'aperçoive... que je puisse dire à mon maître : J'ai vu votre enfant... je l'ai vue de mes yeux...

MULNER, *indiquant la porte à droite*. Elle est là, sans doute... (*Après avoir entr'ouvert la porte et avoir regardé.*) Oui, avec ma fille.

GUILLAUME, *avec joie, en regardant à son tour* *. Oui! oui! c'est elle!.. c'est ma jeune

* Mulner, Guillaume.

maîtresse... Oh ! monsieur le bourgmestre, que de joie pour ce bon M. Ulric !

MULNER. Je vais lui écrire ; mais je veux avoir auparavant un entretien avec elle. Retournez à votre auberge, et préparez tout pour votre départ ; avant une heure, je vous porterai ma lettre.

GUILLAUME. Je suis à vos ordres.

Il sort par la gauche, Mulner le reconduit et ferme la porte sur lui.

MULNER. Quelle journée !

Apercevant Mina et Lisbeth qui entrent par la droite.

AIR : *De votre bonté généreuse.*

La voilà ! montrons nous sévère,
Prenons l'air froid, et le front soucieux ;
Attention à mon rôle !

SCENE VIII.

MULNER, *à gauche*, MINA *et* LISBETH *à droite.*

MINA, *entrant par la porte à droite.*
Mon père !

LISBETH, *bas, à Mina.*
Parlez pour moi...

MINA, *bas, à Lisbeth.*
Oui ; laissez-nous tous deux !
Éloignez-vous...

MULNER, *s'avançant, à Lisbeth.**
Restez, mademoiselle !

LISBETH, *les yeux baissés.*
J'obéis !... (*A part.*) Je tremble d'effroi !

MINA, *à part, se plaçant tout-à-fait à gauche.*
Hélas ! comment parler pour elle,
Quand j'ai tant à prier pour moi ?

MINA, *à Mulner.* Mon père... cette pauvre jeune personne...

MULNER. Tu l'aimes déjà, je le vois.

MINA. Me permettras-tu d'implorer le pardon d'une faute... ?

MULNER. Je te permets de l'implorer ; mais je ne l'accorderai pas.

Il regarde Lisbeth, qui est restée tout-à-fait à droite.

MINA. Cependant si cette réunion avec ce militaire, sur le rocher, avait un but honorable. (*Mouvement de Mulner.*) Oh ! oui, honorable, mon père.... et ton cœur lui-même ne le désavouerait pas si tu savais...

MULNER, *sévèrement.* En voilà assez !

MINA. Mais tu ignores...

MULNER, *de même.* Assez, te dis-je, je sais tout.

MINA, *à Mulner.* Tu te laisseras fléchir.

MULNER. Je suis loin de lui refuser ma bienveillance.

LISBETH, *à part.* Elle ne cesse de lui parler pour moi ; qu'elle est bonne !

MULNER. Tu vas voir comme je vais la traiter.

Il se dirige du côté de Lisbeth.

* Mina, Mulner, Lisbeth.

MINA, *très-surprise.* Où va donc mon père ?

MULNER, *avec bonté, à Lisbeth.* Soyez la bienvenue ici, mon enfant.

LISBETH. Ah ! monsieur !

MINA, *s'avançant vivement.* Mon père, mademoiselle désire...

MULNER, *à Mina, en l'éloignant de la main.* Laisse ! laisse ! (*A Lisbeth.*) Vos malheurs me sont connus. Vous voilà chez moi, c'est très-bien...

LISBETH, *à Mulner.* Quoi ! monsieur vous daignez m'accueillir ?

MULNER. Ma fille a plaidé votre cause avec une chaleur.... nous tâcherons d'oublier l'aventure de la montagne...

LISBETH, *avec confusion.* Monsieur...

MINA, *à part, très-étonnée.* De la montagne... je m'y perds.

MULNER. Regardez-vous ici comme chez vous. Je ne suis pas si diable que j'en ai l'air. Ma fille n'est pas méchante... elle ne demande pas mieux que d'être votre amie : voulez-vous être la sienne ?

LISBETH. Oh ! toujours !

MULNER. Alors, tout est dit. (*Il va auprès de Mina.*) Tu ne sais pas quelle est cette demoiselle ?

MINA, *regardant son père d'un air inquiet.* Mon père !

MULNER, *avec beaucoup de mystère.* Je vais te le dire pour que tu règles ta conduite avec elle en conséquence. Cette jeune fille appartient à une famille honorable ; elle a été enlevée de la maison paternelle.

MINA. Enlevée !

MULNER. Chut ! pas un mot... à elle.

MINA, *à part.* Comment Schnaps a-t-il pu embrouiller à ce point les idées de mon pauvre père ?

SCENE IX.

MINA, MULNER, SCHNAPS, LISBETH.

SCHNAPS, *entrant par le fond, à Mulner.* Il n'a besoin de rien, le loup-garou !.... il est content... il rit dans son crime !

MULNER. Bon !

SCHNAPS, *apercevant Mina.* La voilà !... (*Bas à Mulner.*) Mon oncle, est-ce que vous avez été farouche avec elle ?

MULNER, *allant près de Lisbeth**. Tais-toi donc ! (*A Lisbeth.*) Je veux que vous soyez regardée ici comme ma fille.

LISBETH, *étonnée.* Moi ?

SCHNAPS, *à Mina avec étonnement.* La domestique ? Comment ? Quoi ?

* Mina, Schnaps, Mulner, Lisbeth.

MINA, *bas à Schnaps.* Mon père croit que c'est elle qu'il a arrêtée.

SCHNAPS, *bas à Mina.* Il ne sait donc rien? (*A part.*) Bravo! la servante...

MULNER, *à Lisbeth d'un air entendu, et avec bonté.* Vous serez... vous serez contente... bientôt... oui... bientôt...

SCHNAPS, *de plus en plus étonné.* Ah! ça, mais... (*Bas à Mina.*) Elle a donc consenti à prendre tout sur son compte?

MULNER, *regardant Lisbeth avec satisfaction et à part.* Elle est tout intriguée... (*S'approchant.*) Mon accueil vous étonne, après ce qui s'est passé sur le rocher...

LISBETH. Monsieur!..

SCHNAPS, *allant vivement auprès de Lisbeth et lui saisissant le bras.* Ne répondez pas *!

MULNER, *avec humeur.* Allons, encore!.. (*Lisbeth regarde Schnaps avec étonnement; Mulner s'approche de Mina et lui dit :*) J'ai à sortir; prends bien soin de cette jeune fille.

Il parle bas à Mina.

SCHNAPS, *à Lisbeth brusquement et à la dérobée.* Vous avez mon estime, vous.

LISBETH. Quoi donc? mais je n'ai rien fait...

SCHNAPS. Bon!.. bon!.. vous êtes une brave fille, vous. Allons, n'ayons pas l'air de chuchoter, le père se douterait de quelque chose... rentrez, c'est ce qu'il y a de mieux...

LISBETH. Comment?

SCHNAPS. Chut! (*La conduisant jusqu'à la porte à droite.*) Et prenez bien garde de vous couper.

Lisbeth disparaît en témoignant la plus grande surprise; Schnaps ferme la porte.

MULNER, *qui causait tout bas avec Mina.* Toi, tu n'auras jamais de secret pour ton père, n'est-ce pas?

Il lui donne un baiser sur le front.

SCHNAPS, *joyeux, hors de lui.* Ah! mon oncle! ah! mon brave oncle! va!

MULNER, *se retournant étonné.* Quoi donc?

SCHNAPS, *cherchant à dissimuler son émotion.* Non... c'est que.... je suis content de vous voir embrasser votre fille, là! (*Il tend ses bras pour embrasser Mulner.*) S'il vous plaît?

MULNER, *le repoussant.* Ah ça! vas-tu me laisser tranquille, toi?

SCHNAPS. C'est égal! (*Il lui saisit la main et la secoue.*) vous êtes mon oncle, vous!

MULNER, *à Mina.* Je ne sais pas, ma parole d'honneur, ce qu'il a depuis ce matin. Il fait extravagance sur extravagance. Si, tantôt, je l'avais écouté, je manquais ma capture... il voulait m'entraîner d'un autre côté.

MINA, *vivement et avec intérêt.* Comment?

MULNER. Et quand il a vu que je persistais à conduire ma troupe sur le rocher, il est parti comme si le diable l'emportait....

MINA, *à part, en regardant Schnaps avec reconnaissance.* Pour m'avertir!

SCHNAPS, *avec humeur et allant s'asseoir sur le banc qui est au fond.* Mais à quoi que ça sert de dire ça? à quoi que ça sert?

MULNER. Allons, lève-toi, voyons; ne te relâche pas de ta surveillance sur Max, mon prisonnier.

SCHNAPS, *d'un air de menace.* Ah! ah! celui-là!

MINA, *à Mulner.* Où est-il donc?

MULNER. Dans la chambre qui donne sur le lac.

MINA, *avec émotion, à part.* Ici?

MULNER.

AIR *du Lever* (de Monpou).

A toi je le confie,
A toi seul je me fie;
Sois toujours sur ses pas.
Beaucoup de vigilance,
Et de ta surveillance
Ne te relâche pas!

SCHNAPS.

Vos craint'es sont des chimères.
Ah! l'on n'abuse guères
Des r'gards comme les miens.
Mes yeux seront sévères!
J'en possède trois paires...
En comptant mes deux chiens!

ENSEMBLE.

MULNER.

A toi je me confie, etc.

SCHNAPS.

A moi puisqu'on se fie,
Le coquin, je l' défie
D' porter ailleurs ses pas.
J'aurai d'la vigilance,
Et de ma surveillance
Je n' me relâche pas.

MINA, *indiquant Schnaps, à part.*

Son cœur se sacrifie,
Et moi, dans ma folie,
Je l'accusais tout bas.
Quelle rare obligeance!
Sa douce bienveillance,
Je ne l'oublirai pas.

Mulner rentre chez lui à gauche; Schnaps se dirige vers la porte du fond.

SCENE X.

MINA, SCHNAPS.

MINA, *avec bonté et les yeux baissés.* Pardon, Schnaps.

SCHNAPS, *revenant.* Pardon de quoi, Mina?

* Mina, Mulner, Schnaps, Lisbeth.

MINA. J'avais conçu un soupçon offensant.... soyez plus indulgent que moi, Schnaps, je ne me le pardonne pas. Mais vous?.. dites...

Elle lui tend la main.

SCHNAPS. Moi?..

Il regarde un instant la main que lui tend Mina sans oser la prendre; (c'est le sujet de la gravure) puis il s'élance avec joie pour la saisir, lorsque Mina la retire vivement.

MINA, *à part*. Qu'allais-je faire, mon Dieu!

SCHNAPS, *anéanti et ému*. Oui, c'est juste; je me disais aussi, ça ne peut être qu'une erreur.

MINA, *embarrassée*. Mon pauvre Schnaps, croyez bien...

SCHNAPS, *avec beaucoup d'émotion*. Ça ne fait rien, allez! ça ne fait rien! (*A part, avec colère.*) Ah! si je tenais une femme de quatre-vingts ans, bossue et pauvre, je l'épouserais tout de suite (*avec conviction.*) et je la rendrais heureuse.

Il sort par le fond.

SCENE XI.

MINA, *seule*.

Je l'ai blessé... Pauvre garçon... J'ai la tête si bouleversée... Mais, d'après les discours de mon père, il avait donc mission d'arrêter Max... et une femme qui devait se trouver avec lui? Oh! il faut que je voie Max, que je lui parle, que je sache de lui... Schnaps est allé visiter les bergeries... mon père est chez lui... (*Elle entr'ouvre la porte à gauche et regarde.*) Il vient d'écrire... il plie sa lettre... il prend son chapeau... (*Avec joie.*) Il sort par la petite porte.... Oui, il faut que je voie Max... Oh! c'est par curiosité, car je n'ai pas d'amour pour ce militaire... (*A demi-voix.*) Oh! non..... (*D'un air plus résolu.*) Non, je ne l'aime pas... Mais je veux savoir s'il est vrai qu'il ait enlevé... une femme... c'est bien naturel. Faisons-le venir. (*Elle ouvre la porte du fond, et va tirer le verrou de la porte qui est à l'extérieur.*) Venez, c'est moi qui ai tiré le verrou; venez, monsieur le soldat.

Mina referme la porte après l'entrée de Max.

SCENE XII.

MAX, MINA.

MAX. Enfin, c'est vous, charmante Mina! vous avez bien tardé...

MINA, *un peu piquée*. Monsieur....

MAX. Oh! ne vous en défendez pas!.... n'êtes-vous pas mon ange protecteur?

AIR : *L'Amour qu'Edmond a su me taire.*

N'êtes-vous pas la fidèle compagne
Du malheureux abandonné de tous?
Ici, comme sur la montagne,
Mina, j'ai dû compter sur vous;
Oui, plein d'espoir dans un si doux échange
De gratitude et de bienfaits,
Pauvre exilé, j'appelais mon bon ange,
Et prisonnier je l'attendais! } (*bis.*)

MINA, *avec embarras*. Mais, monsieur....

MAX, *vivement, et avec légèreté*. Oh! je ne vous demande pas par quels moyens vous avez réussi dans votre projet de me faire habiter Martigny; comment il se fait que vous avez été arrêtée avec moi, ni comment, prisonnière aussi, vous avez eu la faculté d'ouvrir la porte de ma prison. Ébloui de tant de prestiges, je ne cherche plus à comprendre, moi! je ferme les yeux et je crois; car il y a dans tout cela, que sais-je? un sylphe, une fée, qui se cache et qui me conduit. Mina, qu'exigez-vous de moi?

MINA, *avec effort*. Monsieur Max... j'ai... des éclaircissemens à vous demander.

MAX, *très-surpris*. A moi?

MINA. Nous ne sommes que deux ici.

MAX, *regardant autour de lui*. J'avoue que... à moins que vous ne me disiez le contraire... c'est mon opinion.

MINA. Et cependant nous devrions être trois!

MAX. Bah! qui est-ce donc qui manque?

MINA. C'est précisément ce que je veux vous demander?

MAX. Foi de Max, je ne sais pas ce que vous voulez dire.

MINA. Le bourgmestre a reçu l'ordre d'arrêter M. Max et la femme qu'il a enlevée.

MAX, *vivement et avec étonnement*. Une femme?

MINA. Oui!... et vous savez comment, me trouvant avec vous sur la montagne, j'ai été arrêtée à sa place.

MAX. Vous dites qu'on a donné l'ordre d'arrêter une femme qui était avec moi sur la montagne?.. Allons donc!

MINA. Nierez-vous du moins qu'une femme soit pour quelque chose dans le mystère de votre fuite?

MAX. Oh! si nous parlons comme cela, autre affaire; je ne le nie pas.

MINA, *avec effort*. Une femme pour laquelle vous avez de... de l'affection.

MAX. Oui, Mina!

MINA, *à part, vivement et avec émotion*. C'était vrai!

MAX, *s'animant*. Oui, une femme que j'aime, (*se reprenant*) que j'aimais comme on aime la vie! Mais souffrez que je ne vous entretienne pas de cette liaison... elle me rappelle de pénibles souvenirs... mon cœur est à jamais fermé aux séductions de l'amour.

MINA, *à part*. Oh! que j'ai bien fait de ne pas l'aimer!

MAX. Et c'est pour elle que j'ai été poursuivi, que je suis arrêté, et que, peut-être, je serai fusillé comme déserteur...

MINA, *vivement et avec effroi*. Fusillé!!!

MAX. Ce n'est pas très-bouffon... (*légèrement*) et à moins que vous n'ayez aussi le pouvoir de vous y opposer...

MINA, *avec beaucoup d'émotion*. O mon Dieu!... monsieur Max!... ô mon Dieu! monsieur Max... fusillé! vous!... J'aimerais mieux vous voir partir... partir pour toujours... ne plus jamais vous revoir.....

MAX. Partir! partir!... c'est bien facile à dire...

MINA, *vivement*. Et si l'on vous en donnait les moyens?

MAX. Qui?

MINA. Moi!

MAX. Vous? alors, je n'accepterais pas. J'ai pu me réfugier dans la montagne, je n'exposais que moi; mais m'évader en vous compromettant? jamais!

MINA. Mais je ne serai pas compromise.

MAX. Cependant, si vous favorisiez mon évasion?...

MINA. Je vous jure que je ne crains rien!

Elle va à la fenêtre.

MAX, *à part*. Elle a une assurance qui ferait croire aux farfadets, si on était superstitieux!

MINA. Monsieur Max, partez, éloignez-vous... les momens sont précieux... Cette fenêtre donne sur le jardin... le mur de clôture est peu élevé... Allez, monsieur, allez; gagnez la frontière de France... (*Avec plus d'émotion.*) Peut-être mes vœux et mes prières vous serviront de sauvegarde.

MAX, *ému*. Mina!

MINA.

AIR : *La voix de la sagesse.* (Théophile.)

Partez, et vers la France
Cherchez un ciel plus doux.
Mon cœur en votre absence
De loin prîra pour vous.

MAX.

Quoi! me mettre en voyage,
O Mina! quoi! vous fuir
Sans emporter un gage,
Sans un seul souvenir?

MINA, *détachant son bouquet*.

Eh bien! que ce bouquet vous accompagne!
Vers le bonheur il guidera vos pas!

MAX, *regardant le bouquet*.

Oui, car ce sont des fleurs de la montagne!

MINA, *baissant les yeux et avec émotion*.

Ce sont des... *Ne m'oubliez pas!*

MAX.

Oui, je vais vers la France
Chercher un ciel plus doux;
Là ma reconnaissance
De loin prîra pour vous.

Il va à la fenêtre.

ENSEMBLE.

MINA.

Partez, et vers la France, etc.

MAX.

Oui, je vais vers la France, etc.

MINA, *à part, tandis que Max ouvre la fenêtre*. Du moins, on ne le fusillera pas! (*En mettant le pied sur la fenêtre, Max renverse un pot de fleurs; on entend au dehors un grand bruit de verre cassé.*) O ciel!

MAX, *la regardant d'un air stupéfait*. Ah! maladroit!

SCHNAPS, *en dehors*. Fritz! appelez les chiens!.. appelez les chiens!

MAX, *vivement et très-inquiet*. Je vois un homme qui vient.

MINA, *désolée*. La fuite est impossible à présent... Ah! par ici...

Elle ouvre la porte du fond.

SCHNAPS, *en dehors*. Apporte, Pluton.... mords-moi ça... apporte...

MINA, *fermant la porte*. C'est Schnaps qui vient... ah! mon Dieu!

MAX. Encore Schnaps... mais le diable l'a donc cousu à mes trousses?

MINA, *allant vivement à la porte de gauche*. Ah! mon Dieu! ah! mon Dieu! par là... par là... il y a une sortie. (*Elle ouvre la porte, qu'elle referme aussitôt.*) Ciel!.. mon père qui rentre... (*Allant à Max.*) Monsieur!.. oh! monsieur Max, ne me perdez pas!

MAX, *désolé*. Vous perdre, ô ciel! Mina, je donnerais l'impossible pour rentrer dans ma prison.

MINA, *allant au fond*. Vous ne pouvez sortir d'ici.... vous seriez vu. On vient..... cachez-vous.

MAX. Mais où? je ne peux pas me mettre dans ma poche!

MINA, *comme par inspiration*. Ah! (*Elle lui indique l'horloge.*) Là dedans! vite! vite!

MAX, *étonné*. Là dedans... (*Il entre.*) Dieu! que c'est juste!

MINA. Et ne bougez pas, je vous en supplie.

MAX. Soyez tranquille, il n'y a pas moyen.

MINA, *après avoir refermé l'horloge*. Oh! je suis prête à me trouver mal. (*On entend la voix de Schnaps.*) Schnaps!.. Ah! rentrons... mon trouble me trahirait.

Elle rentre vivement à droite.

SCENE XIII.

SCHNAPS, MAX, *dans l'horloge.*

Schnaps ouvre très-vivement la porte du fond. Il regarde la prison.

SCHNAPS, *très-animé.* Personne dans la prison... Pluton n'a rien trouvé... et cependant la porte du sacripant est ouverte. Où l'a-t-elle fourré? (*Il cherche des yeux et arrête ses regards du côté de la cheminée.*) Les Savoyards ont l'habitude de grimper dans la suie.... c'est de naissance ça... (*Il prend la lumière, regarde dans la cheminée et crie à la manière des ramoneurs.*) Ahé! ahé! Rien... S'il était dans l'horloge!.. ah! bah!.. eh! ça c'est vu... (*Il ouvre la porte de l'horloge et aperçoit Max.*) Ah! sacrelotte... (*Max sort à moitié, Schnaps le saisit violemment.*) Ah! nous nous sauvons!

MAX. Permettez, monsieur Schnaps.

SCHNAPS, *l'attirant toujours.* Ah! nous nous sauvons!

MAX, *d'un air menaçant.* Morbleu! ne me secouez pas comme ça.

SCHNAPS, *criant.* Ah! sacrelotte! ah! sacrelotte! Ils crient ensemble.

MULNER, *en dehors, à gauche.* Mais qu'est-ce que c'est donc? qu'est-ce que c'est?

SCHNAPS, *effrayé.* Mon oncle... (*A Max.*) Rentrez... rentrez...

MAX, *à moitié sorti de l'horloge.* Vous me rendrez raison...

SCHNAPS, *le poussant violemment.* Rentre dans ta boîte, ou je te mange... je te déchiquette... Ah! sacrelotte!..

Il referme la porte de l'horloge et court vivement à l'entrée de la chambre à gauche, et arrive au moment où Mulner entr'ouvre la porte; cette porte ouvre sur le théâtre de façon à ce que Mulner soit entrevu du public toutes les fois que la porte s'ouvre.

SCENE XIV.

MULNER, SCHNAPS.

MULNER, *entr'ouvrant la porte.* Qu'y a-t-il donc?

SCHNAPS, *refermant vivement la porte sur Mulner.* Rien!.. on n'entre pas.

MULNER, *dehors.* Comment! on n'entre pas?

SCHNAPS. Je ne suis pas dans une tenue convenable... je fais ma toilette.

MAX, *ouvrant la porte de l'horloge.* Dites donc, monsieur Schnaps...

SCHNAPS, *allant vivement à l'horloge, dont il ferme la porte.* Veux-tu bien rentrer tout de suite... (*Il court vivement à Mulner.*) Mon oncle...

MULNER, *en dehors poussant la porte.* Mais j'ai à parler au prisonnier.

SCHNAPS, *repoussant la porte.* Impossible, mon pauvre oncle.... je n'ai aucun vêtement.

MAX, *ouvrant la porte de l'horloge.* Ah! çà! mais j'étouffe là-dedans, moi.

SCHNAPS, *allant à lui.* Rentre dans ta boîte... rentre dans ta boîte...

MULNER, *poussant la porte.* As-tu perdu la tête? Chez moi?

SCHNAPS, *la repoussant encore.* Faites le tour, mon oncle, je vous en prie, faites le tour.

MULNER, *furieux.* A-t-on vu chose pareille? M'empêcher d'entrer...

SCHNAPS, *d'un air piteux.* J'y suis forcé, mon pauvre bon gros oncle... je suis en sauvage.

MULNER, *scandalisé.* Oh!.. Eh bien! je vais faire le tour... et nous verrons.. En sauvage!...

SCENE XV.

MAX, *caché*, SCHNAPS.

SCHNAPS. Oui, va!.. il te faut cinq minutes pour faire le tour... la porte du clos est fermée... ça me donnera le temps de faire rentrer ce bandit dans sa prison... et puisqu'elle l'aime au point (*avec mépris*) de le faire cacher dans des horloges, il n'y a qu'une chose à faire. (*Il ouvre la porte de l'horloge.*) Voyons, sortez...

MAX, *sortant de l'horloge.* Un mot!.. Je comprends que vous vous croyiez blessé dans vos affections... je suis à vous, l'ami, sortons.

SCHNAPS. Comment? sortir? Oui, vous aimeriez assez ça, vous. Ah! voilà bien les Sardes!.. voilà bien les soldats sardes!.. je les reconnais... Nous n'avons qu'un instant, soldat... Vous m'avez dit que vous aimiez Mina?

MAX. Je l'ai dit, c'est vrai.

SCHNAPS. Soldat! vous l'aimez? Il faut que vous l'épousiez.

MAX. Allons donc!

SCHNAPS, *avec émotion.* Epousez-la, mon brave Max! je ne suis plus fâché, n'ayez pas peur.

MAX, *à lui-même en souriant.* Peur?

SCHNAPS. Elle est jeune... elle est jolie... elle est bonne... elle a du bien... elle vous aime. En Suisse, quand on aime et qu'on est aimé, on se marie... Allons, sapristi, soyons un petit peu Suisse, voyons!

MAX. Mon pauvre Schnaps, vous êtes un brave garçon; mais...

SCHNAPS, *ému.* Et si un jour vous avez des petits... eh bien! je les ferai danser sur mes genoux... je leur apprendrai le ranz des vaches en allemand... parce que vos enfans.... je ne pourrai pas les zbaïr.

MAX, *embarrassé.* Laissez, Schnaps... n'insistez pas là-dessus.

SCHNAPS, *s'animant.* Est-ce parce que vous n'avez rien? Eh bien! il y a encore moyen d'arranger cette affaire-là...

Air : *Un page aimait la jeune Adèle.*

Pour vous résoudre à ce mariage,
Soldat, ne soyez pas blessé :
Je vous donne ici l'héritage
Qu'en mourant mon oncl' m'a laissé.
Ne croyez pas que j'aie l'âm' généreuse,
Ce bien pour moi s'rait un fardeau :
Je n'y t'nais qu' pour la rendre heureuse;
Voilà pourquoi je vous en fais cadeau!

MAX. Quoi! vous l'aimez? et vous voulez me la faire épouser?

SCHNAPS. Oui!..

MAX. Voilà un drôle de particulier.

SCHNAPS, *d'une voix altérée par l'émotion.* Je suis comme ça, moi.... épousez-la, je serai satisfait.

MAX. Quand vous me donneriez le revenu de vos vingt-deux cantons, je ne le pourrais pas.

SCHNAPS, *avec colère.* Comment, sacristi! vous refusez une femme pareille? Eh bien! il n'y a pas à dire, il faut que vous fassiez son bonheur, ou je vous broie, je vous pulvérise, moi... moi qui vous parle.

Il le saisit et le secoue vivement.

MAX, *se dégageant.* Calmez-vous, chevrier... vous êtes bien exalté, mon ami.

SCHNAPS. Il n'y a pas de calmez-vous, chevrier, vous êtes bien exalté, mon ami. (*Criant tout bas.*) Je veux qu'on sache que vous l'avez compromise; je veux qu'on sache que c'est Mina qui était avec vous sur la montagne; que c'est elle qui vous a fait sortir de prison; et qu'après vous en être fait aimer, vous refusez de l'épouser. Son père va venir; nous allons fondre la cloche.

Il remonte la scène.

MAX. Y pensez-vous? (*A part.*) Pauvre enfant qui m'a tant prié. (*Haut.*) Allons, laissez-moi rentrer...

SCHNAPS, *barrant la porte.* Non, je ne connais plus rien... il faut fondre la cloche avec le père. Mina en mourra peut-être.

MAX, *vivement.* Mina!

SCHNAPS, *s'attendrissant.* Mon oncle aussi... tant mieux... parce qu'alors... n'ayant plus rien à faire sur la terre, je me rue sur vous, comme un ours, je vous étrangle... (*il s'élance sur Max, et le saisit par le cou*) je vous étrangle...

MAX, *d'un ton menaçant.* Lâchez-moi donc, sacrebleu!

SCHNAPS, *de même.* Ah! mais!..

MAX, *de même.* Ah! mais!..

SCHNAPS, *de même.* Ah! mais!..

MAX, *se dégageant, et à part.* Pas moyen de raisonner avec cette brute sensible. (*A Schnaps.*) Voyons, ne crions pas; voulez-vous me procurer les moyens de revoir Mina?

SCHNAPS. Pourquoi faire?

MAX. Je conviendrai avec elle du parti à prendre pour tout concilier.

SCHNAPS. Vrai?

MAX, *à part.* Je ne risque rien... elle ne m'aime pas.... non.... impossible.... elle ne m'aime pas.

SCHNAPS. Et si elle l'exige, vous l'épouserez?

MAX. Je me soumettrai à sa décision.

SCHNAPS, *avec émotion, et lui prenant la main.* C'est bien, ce que vous dites là.... je vous rends une bonne partie de mon estime... je vas vous remettre en prison.

MAX, *remontant la scène.* Allons!

SCHNAPS, *passant la main sur ses yeux.* Enfin, c'est égal, si elle est heureuse!

Ils sortent par le fond et ferment la porte.

SCENE XVI.

LISBETH, *venant de la droite, puis* SCHNAPS, *venant du fond.*

LISBETH, *entrant avec précaution.* Mademoiselle Mina m'a priée de faire évader un homme caché ici, et de lui dire qu'elle va lui procurer les moyens de s'enfuir. Je n'ai pas pu lui refuser cela, à elle qui a été si bonne pour moi. Tout le monde fait donc des fautes! (*Elle va à l'horloge et l'ouvre.*) Comment! personne!

SCHNAPS, *entrant vivement**. Eh bien! qu'est-ce que vous cherchez dans cet objet-là?

LISBETH, *avec embarras.* Rien... rien...

SCHNAPS, *fermant la porte de l'horloge.* Avouez-le crûment...... c'est un chrétien que vous cherchez.

LISBETH. Silence!.. où est-il?

SCHNAPS. Et c'est Mina qui vous envoie?

LISBETH. De grâce! pas d'indiscrétion.

SCHNAPS, *à part.* Faut-il qu'elle l'aime!... (*Haut.*) Eh bien! dites-lui qu'elle soit tranquille; que le prisonnier n'a été vu que de moi; et qu'il est rentré dans sa niche, son Max...

LISBETH. Max!.. quoi!... il s'appelle Max?

SCHNAPS. Il le dit.

LISBETH. Officier?

SCHNAPS. Du roi de Sardaigne.

LISBETH, *avec joie.* Du roi de Sardaigne... mais c'est lui!

SCHNAPS, *avec éclat.* Qui? le roi de Sardaigne?... ah! bah!

* Schnaps, Lisbeth.

LISBETH. Mon Max! prisonnier.. lui!..

SCHNAPS. Comment, votre Max? Comment, son Max?

LISBETH. Oh! je veux le voir; conduisez-moi vers lui.

SCHNAPS. Vous le connaissez donc?... est-ce que vous l'aimeriez?

LISBETH. Si je l'aime! grand Dieu! mais c'est pour lui, pour le suivre, que j'ai tout quitté... patrie... famille... tout.

SCHNAPS, *au comble de l'étonnement.* Autre affaire à présent.... Elle a tout quitté, patrie, famille, tout... C'est donc le diable qui vous pousse?

LISBETH. Il est malheureux!... laissez-moi le consoler!.. il m'aime, monsieur Schnaps, il m'aime!

SCHNAPS. Il vous aime? (*A part.*) Il en aime deux! Qu'est-ce que c'est donc que cet homme-là?

LISBETH. Mais il ignore que je suis près de lui. Au nom du ciel, monsieur Schnaps, venez.

SCHNAPS. Impossible!... vous me donneriez le revenu des vingt-deux cantons, comme disait quelqu'un que je méprise, que je ne bougerais pas d'ici... ni vous non plus.

Il arrête Lisbeth qui veut sortir par le fond.

AIR *de J. Doche.*

SCHNAPS.

Non, vous n'irez pas,
Vous ne passerez pas la porte!
Redoutez mon bras,
Car vous n'êtes pas la plus forte;
Je suis un geôlier,
Un homme d'acier,
Rien ne m'émeut, non, non, rien ne me touche,
Je suis un roc, un granit, une souche!
Injuriez-moi, bon!
Mais pour le voir, non.

Lisbeth remonte, Schnaps la fait redescendre.

Voyons, d'la prudence,
Pas d' témérité,
Je n' puis en conscience,
Dans ma probité,
Trahir la confiance
De l'autorité.

Schnaps retient encore Lisbeth, qui veut sortir.

ENSEMBLE.

Non, vous n'irez, etc.

LISBETH.

Quelle horreur, hélas!
Eh! quoi m'opprimer de la sorte!
Max me tend les bras,
Et ne vouloir pas que je sorte!
J'ai beau supplier
Cet affreux geôlier,
Rien ne l'émeut, eh quoi! rien ne le touche,
Et la prière en vain sort de ma bouche.
Pour quelle raison?
Je suis en prison!

Lisbeth remonte encore, Schnaps la suit.

SCENE XVII.

SCHNAPS, MULNER, *paraissant au fond,* LISBETH.

Schnaps et Lisbeth sont au fond lorsque Mulner paraît. Cette scène est très-vive.

LISBETH, *à Mulner.* Ah! monsieur, je vous implore.

MULNER, *très-animé et l'éloignant doucement.* Laissez, mon enfant. (*A Schnaps.*) Vous sentez, Schnaps, que ça ne peut plus aller comme ça.

SCHNAPS, *avec calme et parlant en même temps que Mulner.* Ah ben oui!.. il s'agit bien de cela!... il y a autre chose de plus curieux à c't'heure... (*Il continue à parler pendant que Mulner et Lisbeth s'expliquent; il dit à Mulner :*) Elle a tout quitté... patrie... famille... tout.

MULNER. Me forcer à courir...

LISBETH. Monsieur Mulner, je vous en supplie.

MULNER. Non, mon enfant, la patience d'un oncle a des bornes. Je ne veux plus des services de M. Schnaps.

SCHNAPS, *qui n'a pas cessé de parler.* Vous êtes complètement à côté... vous êtes complètement à côté... si vous m'aviez écouté, vous vous seriez épargné..... Mademoiselle veut absolument voir le prisonnier.

LISBETH. Oui, monsieur, ou je ne veux pas rester une minute de plus dans cette maison.

MULNER. Ce n'est ni pour vous en aller ni pour voir Max que vous êtes prisonnière.

LISBETH. Prisonnière!.. moi?

SCHNAPS, *à part.* Oh!.. (*Il passe au milieu; bas à Lisbeth en la poussant à gauche.*) Laissez-le dire, cet homme... il est vieux... il a ses idées.

LISBETH. Mais je suis venue ici de mon plein gré.

MULNER. Oh! nous y avons aidé un peu, ma charmante prisonnière.

LISBETH. Encore!

SCHNAPS, *à Mulner, en le poussant à droite.* Laissez-lui son erreur, allez... c'est jeune... ça a ses idées...

LISBETH. J'en appelle à monsieur Schnaps, qui sait bien que je lui ai demandé l'hospitalité.

SCHNAPS, *à part.* Ah! nous voilà bien.

MULNER, *très-animé.* Eh bien! réponds-lui donc que c'est moi qui l'ai arrêtée, et que c'est toi qui l'as amenée ici.

SCHNAPS. Vous avez raison.

LISBETH, *vivement et avec humeur.* Comment?

MULNER, *de même.* Quoi?

SCHNAPS, *plus fort.* Vous avez raison tous les deux; mais parlons d'autre chose. (*Tranquillement.*) Je crois que le temps va changer... Je sens ça à mes cors.

LISBETH. Ah! c'est trop fort!

MULNER. Oui, c'est trop fort! Allons voir Max, et prenons un parti, car je n'existe pas depuis ce matin... j'ai un mal de tête...

Il s'éloigne par le fond.

LISBETH. Quoi! vous partez sans me donner d'espoir? (*Elle atteint Mulner sur le seuil de la porte, et de sa main gauche saisit la main droite de Mulner.*) Oh! je ne vous quitte pas que je n'aie vu Max... je m'attache à vos pas.

Schnaps va vivement à Lisbeth, et, de sa main gauche, saisit la main droite de Lisbeth, de façon que les trois personnages tournés vers le public sont ainsi placés : Schnaps, Lisbeth et Mulner.

SCHNAPS. Et moi je m'attache aux vôtres; nous nous tiendrons tous les trois.

Mulner se dégage et va à la prison de Max; la porte du fond reste ouverte.

SCENE XVIII.

SCHNAPS, LISBETH.

SCHNAPS, *ramenant Lisbeth.* Eh bien! écoutez... si le mariage vous tient tant que ça... je vous épouse, moi.

LISBETH. Mais je ne vous aime pas... je ne pourrais jamais vous aimer.

SCHNAPS, *vivement et avec éclat.* Moi non plus! ah grand Dieu! moi non plus.

MULNER, *dehors.* O ciel! il n'y est plus!

Il revient précipitamment.

SCHNAPS, *qui n'a pas entendu Mulner, à lui-même.* Ah ben! par exemple... comment! elle se figurerait que c'est parce que...

SCENE XIX.

SCHNAPS, MULNER, LISBETH.

MULNER, *entrant en scène. Il arrive tout auprès de Schnaps, et crie de toutes ses forces.* Schnaps!

SCHNAPS, *criant aussi.* Quoi?

MULNER, *de même.* Il est sauvé.

SCHNAPS, *de même.* Qui?

MULNER, *de même.* Max.

SCHNAPS, *de même.* Max?

MULNER, *de même.* Par la fenêtre.

SCHNAPS, *de même.* Ah! sacristi!.... voilà un homme plat.

LISBETH. Oh! je cours après lui.

MULNER. Vous? je vous défends de sortir. Vous êtes ma prisonnière. (*A Schnaps.*) Bouche la porte.

Schnaps remonte la scène et va fermer la porte du fond.

LISBETH. Mais, monsieur, cette conduite envers moi...

SCHNAPS, *à la fenêtre.* Attendez... j'aperçois...

MULNER. Quoi?

SCHNAPS. Deux personnes qui causent.

MULNER. Cours vite.

SCHNAPS. Non, je m'abusais... ce sont deux sacs de froment... (*après un temps*) tiens, ils remuent leurs bras... (*avec éclat*) ah! sacrelotte.

Il sort vivement par la porte à droite.

SCENE XX.

MULNER, LISBETH.

LISBETH. Quoi! monsieur, Max est dans ces lieux, je peux le voir, je pourrais être heureuse, et vous refusez d'y consentir!...

MULNER. Pour que vous vous sauviez avec lui...il ne manquerait plus que ça...non seulement, je ne veux pas que vous le suiviez, mais je vous prie d'entrer dans cette chambre et tout de suite.

Il la conduit à la chambre à gauche.

LISBETH. Quoi! vous m'enfermez!

MULNER, *l'enfermant.* J'ai la clef, me voilà tranquille.

SCHNAPS, *en dehors.* Mais venez donc, mais venez donc, sacristi! je ne vous lâche pas; mais avancez donc; voulez-vous bien avancer?

MULNER, *avec joie.* Il l'a pris!

SCENE XXI.

MULNER, SCHNAPS, MAX, *puis* MINA.

SCHNAPS, *tirant Max avec violence.* Le voilà! je le tiens... le voilà.

MAX. Mais laissez-moi.

SCHNAPS, *furieux.* Non! je m'attache à toi comme le lierre à l'ormeau... (*criant*) comme le lierre à l'ormeau!

MULNER. Schnaps, laissez monsieur.

SCHNAPS. Oui, mais je bouche alors.

Il garde la porte du fond; Mina entre par la droite. Elle s'avance timidement, et paraît confuse.

MAX. Monsieur le bourgmestre, prononcez, me voilà à votre discrétion.

MULNER, *avec joie.* Ah! vous voilà raisonnable, enfin!..Epousez-la, et tout est oublié.

MINA, *vivement.* Mon père!...

MAX. Monsieur le bourgmestre.... mais mademoiselle ne m'aime pas.

MULNER. Comment?

MINA. Non, mon père.

SCHNAPS. Quoi!.. (*A part.*) C'est une frime... elle gémit en particulier *.

MULNER, *riant.* Mais je le crois parbleu bien qu'elle ne vous aime pas... Et qui

* Mulner, Max, Mina, Schnaps.

diable vous parle de Mina? Je vous parle de Lisbeth.

MAX, *vivement.* Lisbeth! Que dites-vous de Lisbeth? où est-elle?

MULNER. Ici. Vous le savez bien.

MAX. Ici? Comment? En êtes vous bien sûr?

MULNER, *riant.* Ah çà! me prenez-vous pour un idiot? Je l'ai arrêtée avec vous.

MAX. Avec moi?... vous vous trompez... ce n'est pas elle.

MULNER, *avec humeur.* Ah!

Il va ouvrir la porte à gauche.

SCHNAPS, *à Mina.* Ce pauvre oncle patauge avec une bonne foi qui m'attendrit.

MULNER, *après avoir ouvert.* Venez, mademoiselle.

SCENE XXII.

LISBETH, MAX, SCHNAPS, MINA, MULNER.

LISBETH. Max!

MAX, *la reconnaissant.* Quoi!... comment!.. Lisbeth!.. c'est Lisbeth!..

SCHNAPS, *à part, gaîment.* Il la remet.

MULNER, *les raillant.* Ah! ah! Lisbeth! c'est Lisbeth!.... Vous convenez donc maintenant que vous étiez ensemble sur la montagne?

Il passe à droite.

MAX. Ensemble?..

SCHNAPS, *passant entre Max et Mina.* Pas un mot...

MAX. Mais qui donc vous a si bien instruit?

MULNER. Une lettre d'Ulric.

LISBETH. De mon père?

MULNER. Qui vous pardonne, et qui m'annonce que votre adversaire n'est pas mort.

MAX. Il serait vrai?

LISBETH. Mon bon père!

SCHNAPS, *avec enthousiasme.* Quel père!.. Voilà un père!... qui pardonne et qui annonce que les adversaires ne sont pas morts...

MINA, *à Schnaps.* Chut!..

SCHNAPS, *à Max.* Chut!..

MAX. Mais cependant sur la montagne...

SCHNAPS, *d'un ton suppliant.* Silence... pour Mina.

MINA, *lui tendant la main.* Schnaps!.. vous êtes un bon parent.

SCHNAPS. Quoi?

MINA. Prenez-la.

SCHNAPS, *au comble de la joie et de l'étonnement.* Quoi! Mina... ô Dieu!.. n'est-ce pas une farce que vous me faites?

MINA. Non, mon bon cousin.

SCHNAPS, *hors de lui.* Je la prends! je la prends! ô Mina! Mina! ma bonne Mina!.. (*Il l'embrasse à plusieurs reprises. A Mulner.*) Mon oncle, il y a des momens dans la vie où on voudrait avoir quatre bras, mais je n'en ai que deux... infortuné que je suis...

MULNER. Allons, calme-toi.

SCHNAPS. Vous êtes le roi des bourgmestres, vous. Et vous, Max, et vous, Lisbeth, (*il va à eux*) comprenez-vous ce qui m'arrive? J'épouse Mina... moi... j'épouse Mina.... Les douze ou quinze enfans que nous aurons, ce sera des petits Max, et pas des petits Schnaps; c'est-à-dire... non, ça sera des petits Schnaps... et pas des petits Max... Pardon, soldat... c'est la tête qui travaille...(*Il se jette dans les bras de Max.*) Vive Mina! vive mon oncle! vive le roi de Sardaigne! et tous ses militaires et leurs épouses!... (*D'un air anéanti.*) Ah! sacristi..! je suis fatigué comme un malheureux.

MULNER. Je le crois bien... tu t'égosilles, tu gesticules... je ne sais plus où j'en suis... il m'a ému.

Il pleure.

SCHNAPS, *s'approchant de Mulner et le regardant avec attention.* Je déclare que vous pleurez... Ah! quel bon signe! ah! quel fameux signe! un Suisse d'âge qui verse des larmes! ça ne s'est pas vu depuis les obsèques de Guillaume Tell!

MINA. Mon père!..

MULNER. Mais voilà bien les caprices des femmes!

SCHNAPS, *avec indignation.* Oh! les femmes!.. les femmes!.. (*changeant de ton, et avec gaîté*) il en faut cependant!

CHOEUR.

AIR *du Lever* (de Monpou).

Allons, et plus d'alarmes,
Un nœud rempli de charmes
Ce soir va vous lier,
Pour finir la journée;
Que ce double hyménée
Fasse tout oublier.

SCHNAPS, *au public.*

Faire pleurer les femmes,
Ce sont des traits infâmes...
Vous savez : j'n'aim' pas ça.
Montrant Mina.
Pour un rien ell' sanglotte,
Soyons doux! sacrelotte!
Messieurs! c'est pour Mina!

CHOEUR.

Allons, et plus d'alarmes, etc.

FIN.

PARIS. — IMPRIMERIE DE Ve DONDEY-DUPRÉ.
Rue Saint-Louis, n° 46, au Marais.

www.ingramcontent.com/pod-product-compliance
Ingram Content Group UK Ltd.
Pitfield, Milton Keynes, MK11 3LW, UK
UKHW021042260726
13994UKWH00005B/2310